特色酒店经营管理

赋予文化+品牌联动+精细管理+社交营销

黄玮◎著

DISTINCTIVE HOTELS

化学工业出版社

·北京·

内容简介

本书系统阐述了如何运营与管理一家特色酒店，深入剖析了酒店的主题设计、内部管理、服务打造及营销推广等多个层面。书中详细分析了主题酒店、精品酒店、民宿、青年旅舍及野奢酒店 5 大类特色酒店的经营策略、思路及技巧，并从特色酒店的经营与管理角度进行更细化的剖析，涵盖品牌 IP 化、文化差异化、服务个性化、管理智慧化及营销社交化等，为酒店经营者提供了关于特色化经营的实用技巧与方法。

本书内容严谨、条理清晰、干货满满，旨在为特色酒店管理者提供一本极具参考价值的经营策略指导手册。通过阅读本书，读者不仅能够学到酒店管理的通用理念、知识和方法，还能从中汲取特色化经营的灵感，为酒店事业注入新的活力与创意。

图书在版编目（CIP）数据

特色酒店经营管理 ：赋予文化＋品牌联动＋精细管理＋社交营销 / 黄玮著 . -- 北京 ：化学工业出版社，2025. 6. -- ISBN 978-7-122-47788-0

Ⅰ. F719.2

中国国家版本馆 CIP 数据核字第 20254XX744 号

责任编辑：卢萌萌　　　　　　　　装帧设计：异一设计
责任校对：宋　夏

出版发行：化学工业出版社
　　　　　（北京市东城区青年湖南街 13 号　邮政编码 100011）
印　　装：北京瑞禾彩色印刷有限公司
710mm×1000mm　1/16　印张 12³⁄₄　字数 213 千字
2025 年 8 月北京第 1 版第 1 次印刷

购书咨询：010-64518888　　　　　售后服务：010-64518899
网　　址：http://www.cip.com.cn
凡购买本书，如有缺损质量问题，本社销售中心负责调换。

定　　价：98.00 元　　　　　　　　版权所有　违者必究

DISTINCTIVE HOTELS

　　酒店行业面临着激烈的市场竞争、高昂的运营成本和持续低迷的营收，这些问题已成为许多酒店经营的共同难题。大型星级酒店尚可通过缩减成本来应对这些挑战，然而，单体酒店则显得较为无力，大部分已陷入经营困境。酒店行业所面临的挑战主要集中在服务模式的固化和缺乏个性化体验上，未能满足市场和客人日益多元化的需求。消费者的需求在不断演变，对酒店的期望和要求也在逐渐提升，但酒店行业的变革步伐却显得相对滞后。

　　自 2020 年以来，酒店行业的整体态势较为低迷。然而，挑战与机遇总是相伴相生。在当前的市场环境下，一些细分市场展现出了新的亮点，其中以中端特色酒店为代表。这类酒店以精耕细作和个性化服务为特色，迅速崛起并满足了部分消费者的小众需求。例如，电竞酒店受到体育和旅游产业的带动，持续保持高入住率。此外，以阅读、亲子、艺术、影音等为主题的特色酒店也在努力打造自己的 IP，并受到年轻消费者的青睐。

　　中端特色酒店之所以能够异军突起，其根本原因在于它们具有独特的特色和魅力，并且紧密贴合了当代消费群体的需求。观察当前市场上表现优秀的酒店，无论是传统酒店还是新兴酒店，它们都具有一些共同的特点：有特色、有个性、有内涵、有体验感。特色酒店相较于经济型酒店，提供了更加优质的体验感，能够带来高附加值和精准服务；同时，相较于高星级酒店，特色酒店又具有相对较低的开发和运维成本，从而在价格上具备一定的竞争优势。

　　再说消费群体需求的转变，随着 80 后、90 后、00 后逐步成为酒店产品和服务购买的主力军，消费结构、消费需求也发生了重大转变。这部分人大多受过良好的教育，在社会变革中成长起来，对酒店提供的产品和服务要求更高，有着以往人群所没有的消费特性。

如果酒店经营者仍寄希望于利用价格优势、硬件设施优势来吸引他们，显然是不够的。相反，如果靠服务品质、个性及体验感，将酒店特色化、差异化、精细化当作新的流量吸引利器，效果会好得多。

全书共分为11章。第1章综述酒店业的发展概况和趋势，以及酒店向特色化经营转型的必要性；第2～6章详细介绍5大特色酒店的经营策略，分别为主题酒店、精品酒店、民宿、青年旅舍和野奢酒店；第7～11章则从酒店品牌IP化、文化差异化、服务个性化、管理智慧化、营销社交化5个方面，分析特色酒店经营者特色化经营管理的技巧、方法。

本书有三大特色：

首先，本书强调实际操作性。与传统图书的说教方式不同，本书不仅以精练的文字阐述了理论和实例，更系统归纳并总结了众多实用的操作技巧和方法。这些技巧涵盖了酒店的功能规划、文化定位及内部设计等关键环节，每一项都清晰列出，便于读者快速掌握。

其次，本书注重图表展示。通过大量图表辅助，提升了信息的传达效率。一张图表往往能承载千字文章的信息量，同时避免了长时间阅读文字可能导致的视觉疲劳，改善了读者的阅读体验。

最后，本书注重案例论证。所引用的案例均来源于国内外真实且在某方面表现卓越的品牌酒店，具有极高的参考价值。通过对这些案例的深入剖析，本书为读者提供了宝贵的学习借鉴经验，有助于读者在实际操作中取得更好的效果。

著者

目录
contents

1
传统酒店黯然失色，
特色酒店异军突起
001

2
主题酒店：
深挖特色主题，
打造个性体验新天地
012

DISTINCTIVE HOTELS

7

品牌 IP 化：
塑造独特品牌形象，
提升市场竞争力

100

8

文化差异化：
文化铸就灵魂，
提升核心竞争力

123 ————

9

服务个性化：
满足客人需求，
打造独特体验

135 ————

10

管理智慧化：
玩转互联网新技术，
探索智慧酒店新境界

159

11

**营销社交化：
社交营销让酒店
宣推更有特色**

174

1

传统酒店黯然失色，
特色酒店异军突起

酒店市场风起云涌，客人的口味也是日新月异。如今，单纯的住宿已经无法满足大家的期望，人们渴望的是那份独特的、专属的体验。唯有不断创新，来一次华丽转身，做出特色，将服务质量推向新高度，才能赢得顾客的心，实现长久的繁荣。

1.1 价格战已不再是王道，经济型酒店遭遇寒冬

我国酒店业正在经历一场翻天覆地的变化。那些曾经风光无限的中小型经济酒店，如今却像被遗忘的角落，落寞而寂寥。然而，另一边，那些充满创意与特色的高端酒店却如雨后春笋般崭露头角，熠熠生辉。这就是大众消费观念的转变！

在很长一段时间内，酒店行业市场曾被经济型酒店引领。经济型酒店最大的优势就是经济实惠、价格便宜，再加上标准化服务，硬件配备相对完善，这也让其成为大众的首选对象。经济型酒店的吸引力不仅仅对于消费者而言，其投入低、回报高、获利周期短等优势，对经营者同样具有极大吸引力，使其一度成为酒店行业的风向标，涌现出了一大批经济型酒店品牌。比如，莫泰168、如家、锦江之星，扩张速度惊人；七天、尚客优、汉庭、格林豪泰等也日趋成熟；国外的"速8"、宜必思也相继进入国内，从沿海到内地，遍及各大主要城市，市场份额不断扩大。

但随着酒店市场日趋饱和以及体验经济的到来，经济型酒店走下神坛。消费者对酒店有了不一样的期待，追求的不再仅仅是一张床、一间房，还有对睡眠之外的感官愉悦、身心放松的追求，期待体验完全不一样的生活方式、生活节奏。

在这样的背景下，一些服务跟不上、位置较偏或者卫生问题较多的经济型酒店，陆续被淘汰，剩下的只有口碑好的老品牌和新兴品牌旅店。与此同时，城市大规模的旧改工程兴起，多样化、多主题需求成就了酒店业再次踏上发展之旅的机遇，小众但富有设计感的城市住宿新空间得到了快速发展。

1.2 酒店特色化经营，将成为立足市场的法宝

在酒店市场竞争日益激烈的新形势下，能吸引消费者的唯有特色化。特色化战略将成为传统酒店突破瓶颈、寻求转型之路的重要战略。很多酒店为了把客人留下来，不断增加新产品，创新服务，采用新营销手段，尽一切可能打上"特色化"标签。

接下来，结合酒店的一种经营策略——跨界景区经营进行分析。从中可以看出，酒店在寻求特色化经营之路上的不断努力。

酒店跨界景区是酒店特色化经营最常采用的一个策略，已经有 10 多年的发展历程。大致有两个阶段：第一个是初级阶段，即"酒店 + 景点"；第二个是深度融合阶段，即"酒店 +X"。

"酒店 + 景点"即星级酒店与旅游景区合作。这种模式早已不是新鲜事儿，早在 10 多年前就已经大范围被运用。尤其是邻近景区的一些酒店，近水楼台先得月，率先获得了这波红利。

案例 1

南京的一家连锁酒店曾与中山陵、总统府合作，规定：在酒店住两晚以上的客人可获得一张中山陵或总统府门票。无锡的一家酒店规定：在酒店住一晚，客人即可获得两张灵山景区门票。除此之外，该酒店还先后与三国水浒城、古运河景区、动物园等多家景点合作，大幅提升了客房收入。

发展至今，这种模式已经非常普及，很多人对此已经司空见惯，赠送门票显然没有太大吸引力。为了更好地提升体验，有些酒店就根据消费者的消费趋势、消费变化，开始与景点主动合作、深度跨界。

比如，最近几年无景点旅游、纯度假旅游悄然兴起，很多人旅游不再刻意追求特定的某个景点，到景点内逛逛、看看，而是将旅游当作一种生活方式，融入当地的风俗民情中，追求心中向往的那种超然脱俗。这种无景点旅游就为酒店特色化经营提供了更多的可能，于是延伸出了"酒店 +X"模式。

其中，"X"是指不确定因素，比如"酒店 + 主题文化""酒店 + 文化演艺""酒店 + 乡村休闲""酒店 + 户外活动""酒店 + 健身养生""酒店 + 婚庆基地""酒店 + 购物""酒店 + 垂钓""酒店 + 摄影"等。

案例 2

无锡某酒店将无锡文化搬进了酒店，旨在打造文化休闲型酒店。比如，在酒店内增加了诸多当地文化元素，新建樱花温泉，增设练功房和琴房，引进演出艺术团并进行"梦回江南"山水实景演出等。让客人在住宿的同时，能全面领略无锡的魅力。

跨界旅游景区是酒店特色化经营的缩影，若想全面转型不能只盯着一点，而是要将眼光放得更长远，全面理解"特色"的含义。最好能设计一条主线，然后沿着这条主线去做，这条主线通常包含 3 项功能，具体如图 1-1 所示。

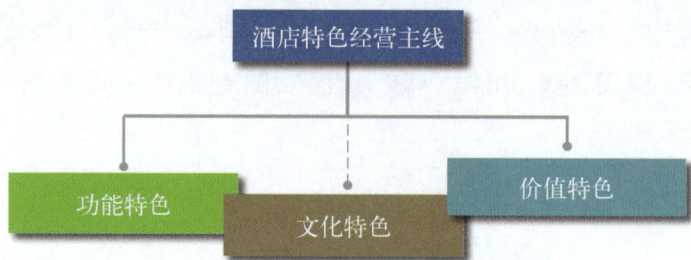

图 1-1　酒店特色经营的主线

（1）功能特色

酒店特色化经营的第一步是对酒店内的各主要功能进行改进，对大而全的功能做优化、做减法，集中提升吃、住、用中某一方面的体验。或者除了配备餐厅、康乐设施等常规功能外，还要针对客人的不同需求来增加某特殊功能，如会议厅、宴会厅等。

例如，某酒店为满足日益增长的商务会议、宴会需求，专门配备了现代化智慧会议室及可灵活分割的宴会厅，装修精致，配备古典家具、木格栅、特色灯具等，形成既高档又极富地方特色的空间。

再例如，SPA（养生水疗）作为酒店的一种特色服务，普遍存在于中高端酒店之中，被视为休闲娱乐的重要组成部分。然而，为了实现服务的差异化，每家酒店所提供的 SPA 项目均有所不同。SPA 作为一项综合性极强的服务项目，酒店可以从多个角度实现服务的差异化，以满足不同客人的需求。

从功效方面来看，SPA 项目涵盖了美容、美体、美颜等多个方面，同时还有塑身减肥、加速血液循环、调理新陈代谢等多种功能。此外，一些 SPA 项目还致力于帮助客人放松身心，具有上升至思想、精神层面的净涤之意。

从用料方面来看，SPA 的理疗用品主要是精油，而不同的精油成分将带来不同的体验。此外，SPA 空间的风格及装饰也是差异化的重要方面，包括灯光、色彩、香味、音乐等元素的运用，共同营造出独特的空间意境。因此，每家酒店的 SPA 项目均独具特色，为客人提供了多样化的选择。

（2）文化特色

文化是体现酒店特色的重要元素，一家酒店，要想具有自身特色，必须根植于自身的文化，并在设计、装饰、服务上全面去体现，营造一种无法模仿和复制的独特魅力、个性特征。

案例3

都市花园酒店非常注重与文化的结合。它从江南园林中汲取灵感，致力于打造"远离喧嚣、亲近自然，但不远离生活"的居住体验，打造成一座东方禅意休闲空间，为客人提供城市中的理想居停场所。

比如，在室内装修设计方面，就与当地文化高度匹配，采用大道至简的中式留白设计，使用当地原生态的材料和色彩，提炼当地建筑特色，如使用粉墙黛瓦，热带地区采用坡屋顶、木质立面等形式；在家具布置方面，也将当地原生态的本土文化融入酒店，朱红色装饰的柱子，屋面下模仿古建筑的檩条、望板，从屋顶垂下的黄色雨伞，古典的屏风家具，让人仿佛回到了梦里江南。

（3）价值特色

在现代社会，旅行已成为人们日常生活的重要组成部分，无论是为了休闲度假、观光旅游，还是出于公务出差、商务活动的需要，酒店都成为旅行中不可或缺的一环。人们对酒店的期望也日益提升，不再仅仅局限于提供一个休息和睡眠的场所，而是希望能够在酒店中体验到更加多元化和丰富的服务。

例如，通过酒店的服务和活动，了解当地的文化特色，体验当地的民俗风情等。因此，酒店的价值已经超越了单纯的住宿功能，成为人们感受自然、回归本真、洗尽铅华的重要场所。

为了满足客人的这种多元化需求，酒店经营者需要不断创新和提升服务质量。以少数民族文化为主题的民宿酒店，这类酒店巧妙地将消费文化与民族的神圣记忆相结合，为客人提供了独特的住宿体验。客人在这里不仅可以欣赏到美丽的自然风光，还可以深入了解当地的文化传统，品味地道的民族美食，从而实现身心的愉悦。

作为酒店经营者，应该深入思考如何与环境和谐共存，为客人提供更加贴近自然、符合当地特色的住宿体验。在海边，我们应该充分利用阳光、沙滩、蔚蓝海岸和海鲜美食等资源，为客人打造一个充满海洋气息的休闲空间；在湖边，我们应该营造出宁静的田园氛围，让客人感受到大自然的宁静与和谐；在山林间，我们应该为客人营造一种远离尘嚣、亲近自然的宜居环境，让他们在这里享受到"采菊东篱下，悠然见南山"的惬意与自在。只有这样，我们才能够满足客人日益增长的多元化需求，赢得市场的青睐和认可。

当然，酒店的特色还有很多，这些特色也不是一成不变的，"知者乐水，仁者乐山"，根据不同的自然环境，采取不同的经营策略。随着时代的发展，所谓的特色不断地突破和进步，要因人、因地而异，紧紧围绕客人的体验去做。

1.3 特色酒店百花齐放，五大特色引领市场潮流

当前市场上特色酒店非常多，几乎找不到两家完全一样的。但是，它们却十分有规律，透过"不一样的表面"可以看到"一样的内在规律"。

综合考虑酒店规模、建筑风格、装饰艺术、消费档次以及服务人群等众多因素，总结出特色酒店主要有 5 大类型，具体如图 1-2 所示。

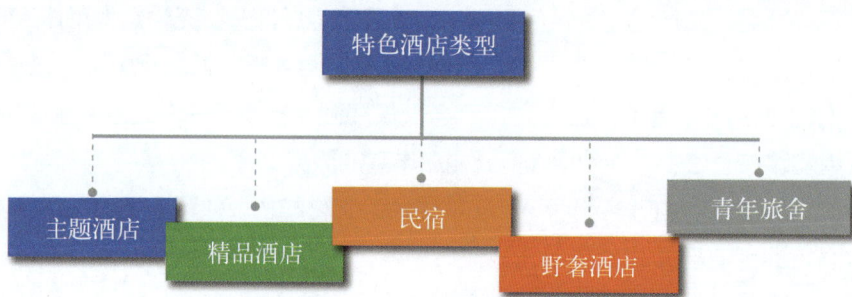

图 1-2 特色酒店的类型

（1）主题酒店

主题酒店是一种围绕特定主题进行设计的酒店，它在建筑风格、装饰艺术和文化氛围上都体现了这一主题，并将之融入服务中，为客人提供独一无二的服务体验。常用的酒店主题有地域特色、民族风情、自然风景、人文历史、城市风景、艺术还原等。

以地域特色为例，有主打美食主题的，有主打海洋主题的，还有主打航空主题的，如图1-3所示。

图1-3 富有特色主题的酒店客房

当然，也有一些创新主题，虽然运用得比较少，也很小众，但如果做到位也会带来意想不到的效果。

案例4

德国万象酒店是一家以"奇幻"为主题的酒店，无论是整体装饰还是室内布置都千奇百怪，由诸多奇幻元素组合而成，尤其是晚上就如同进入了一个迷幻城市的世界。豪华客房被誉为"生活在艺术的世界"，独特的风格更是给每个房间注入了其独特的个性，使得每个客人都会得到一种崭新的体验，这在全世界范围都是独有的，就连每样家具和所有其他物体都只能在这里的客房见到。每个房间的设计都有自己的风格，可以从温顺到极端。而且，每间客房都有使用说明书，对房间配置进行严格的使用方法和保护措施等方面的说明。

（2）精品酒店

精品酒店是一种综合性酒店，类似于五星级酒店，但又有所不同。既保留了五星级酒店的核心功能，如豪华大堂、美食馆、咖啡厅，以及高档的床上用品、高档的卫浴系统、即用办公室、商务中心、自助洗衣房等核心功能，同时又剔除了五星级酒店不太常用的配套功能，如大型运动场所、大型游泳池、酒吧、健身室、桑拿房、超大型会议厅等。这样，客人就不用为这些设施买单，从而实现以较低成本享受五星的核心服务，比五星级酒店性价比更高。

精品酒店一角如图1-4与图1-5所示。

有的读者可能又会将其与经济型酒店混淆，其实并非如此。精品酒店无论装修风格、客房大小、床上用品、卫浴系统等都远好于经济型酒店。而且针对的人群也不一样，精品酒店针对的是对生活品质具有较高追求又讲究理性消费的商务人士，而经济型酒店主要针对普通大众。鉴于以上两个方面的区别，它们是不同的酒店类型。

精品酒店主打一个"精"字，精致环境，精心服务。这种"精"体现在4个"特定"上。

一是选址特定，多建于大型商业圈内；二是服务项目特定，需要借助高配置、高标准的硬件设施和服务系统；三是服务人群特定，为城市中的高端商务人群；四是服务人员特定，对提供服务的人员有明确的标准和要求，必须符合行业标准和条件，如聘请受过专业训练的服务人员，聘请专业的酒店服务公司来经营和管理。

图1-4　精品酒店大堂示意图

图1-5　精品酒店游泳池示意图

（3）民宿

民宿是一种短租住宿方式，是一种特殊的酒店经营模式。民宿的经营主体大多数是当地居民或非专业人士，将自己的闲置资源租借他人，融合当地人文、自然风光、生态、环境资源及农林渔牧生产活动，为游客提供体验当地自然、文化与生产生活方式的小型住宿设施。

民宿一般没有特别高级、奢华的设施，没有专业管理团队，最早的民宿都是"家庭式"的，客人能尽情地体验当地风情，感受民宿主人的热情。示意图如图1-6所示。

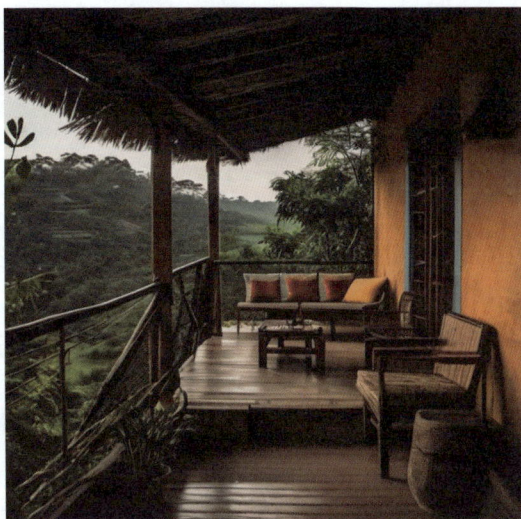

图1-6　富有特色的家庭式民宿

根据行业规定，民宿的运营需遵循一定标准，例如客房楼层不得高于四层，建筑总面积需控制在800平方米以内，同时主人需参与接待工作。2019年7月，文化和旅游部正式颁布了标准《旅游民宿基本要求与评价》(LB/T 065—2019)，该标准明确了旅游民宿分为三个等级——三星级、四星级、五星级，各等级依次代表接待设施与服务品质的逐步提升。

为适应民宿行业的持续发展，2022年对民宿旅游行业标准进行了升级，发布了《旅游民宿基本要求与等级划分》(GB/T 41648—2022)。该标准将旅游民宿分为三个级别，由低到高分别为丙级、乙级和甲级，并详细列出了38项选择要求，并根据不同等级设定了相应的达标率。具体而言，满足任意13个条款的民宿可达到丙级标准，满足24个条款的民宿可评为乙级，而满足30个条款的民宿则可荣获甲级评价。这一新标准的实施，旨在鼓励民宿充分利用自身优势资源，根据不同的客源对象、消费层次和功能需求，实现多样化经营和多元化发展。同时，新标准也支持民宿行业在创新方面取得突破，力求实现"一宿一策、一宿一品"的发展目标。

（4）青年旅舍

青年旅舍是专门为年轻旅行者提供价格实惠、社交友好的住宿选择。青年旅舍一般有如表1-1所列的特点。

表 1-1 青年旅舍的特点

特点	具体内容
经济实惠	通常提供相对较低的价格，适合预算有限的年轻旅行者。客人可以选择多种住宿方式，如共用宿舍间或私人房间，以满足个人需求和预算
社交氛围浓烈	注重社交和互动。客人有机会结识来自世界各地的旅行者，分享旅行经验和交流文化。公共休息区、厨房和活动场所等设施为客人之间的交流提供了机会
多样化的住宿类型	通常提供不同类型的住宿选择，以适应不同的旅行者需求。共用宿舍间通常是最经济实惠的选择，既可以与其他旅行者社交互动，又可以降低住宿成本。同时，一些青年旅舍也提供私人房间，为那些寻求更多隐私和舒适的旅行者提供选择
出于安全考虑集中封闭管理	通常会采取安全措施，如门禁系统、行李寄存服务和监控摄像等，以确保客人的人身安全和财产安全
设施与服务相对简单	虽然青年旅舍价格较低，但它们通常提供基本的设施和服务，如床上用品、Wi-Fi、共用厨房和洗衣设施等。有些旅社还可能提供额外的服务，如早餐、行李寄存和旅行咨询

青年旅舍是适合预算有限的年轻旅行者的理想选择。它们提供经济实惠的价格、社交友好的氛围和基本的设施与服务，同时也提供多样化的住宿选择。对于那些希望结识新朋友、体验国际文化并探索目的地的年轻旅行者来说，青年旅舍是一个很好的住宿选项。

（5）野奢酒店

野奢酒店是一种更小众的酒店经营模式，大多位于自然环境中，远离城市喧嚣，可为客人提供豪华舒适的服务。它们通常与大自然和环境相融合，在设计、装饰和服务上注重自然元素和可持续性。

建在沙漠中的野奢酒店如图 1-7 所示。

野奢酒店的特点通常有如表 1-2 所列的 5 个特点。

表 1-2 野奢酒店的特点

特点	具体内容
深度融入自然环境之中	通常坐落在壮丽的自然风景中，如山区、海滩或森林。这些地点使客人能够远离城市的喧嚣，享受清新空气和宁静的环境

图1-7　建在沙漠中的野奢酒店

续表

特点	具体内容
使用天然的设计与装饰	注重将建筑和内部设计与自然环境相结合，使用天然材料、实木家具、大窗户和宽敞的露台等，以便客人可以更好地欣赏周围的美景
兼顾经济利益与环境保护	通常采用可持续性的设计和经营理念，可使用可再生能源、实施节能措施、进行水资源管理，并支持当地社区和环境保护项目
提供高端体验服务	为了提供豪华舒适的体验，野奢酒店通常提供高品质的服务，包括私人管家、定制化的活动和体验、优质的餐饮服务以及个性化的SPA和健身设施
配套探险和户外活动	由于其自然环境，野奢酒店通常为客人提供各种户外活动和探险体验，包括徒步旅行、野外露营、划船、观鸟等，让客人亲近大自然并享受独特的旅行体验

　　总之，野奢酒店提供了一种与大自然相融合的豪华度假体验。它们注重自然环境和可持续性，并为客人提供高品质的服务和丰富的户外活动。对于那些渴望远离城市喧嚣、亲近自然的旅行者来说，野奢酒店是一个理想的选择。

2

主题酒店:
深挖特色主题,
打造个性体验新天地

在这个释放个性、崇尚创新的黄金时代,谁还会对那些大同小异的
传统酒店心存期待? 人们渴望的是一种别出心裁的住宿体验,期待的是
走进一家主题鲜明、创意四溢的特色酒店。不仅有令人眼前一亮的设计,
更有贴心周到的个性化服务,每个细节都能感受到与众不同、独具匠心。

酒店，从其诞生之初，便主要承担着提供住宿与餐饮服务的职能。随着经济的繁荣与社会的进步，顾客的需求逐渐超越了基本的食宿要求。为了响应这些变化，酒店业引入了"主题"的概念，催生了主题酒店这一新兴业态。由此可见，主题酒店无疑是体验经济的典型产物。在当今社会，体验已成为消费者追求的核心价值。正如约瑟夫·派恩与詹姆斯·吉尔摩在《体验经济》一书中所言，体验是指个体以个性化的方式度过时光，并从中获取一系列难以忘怀的独特感受。

主题酒店与传统酒店之间的核心差异在于其提供的独特体验，这些体验大多源于酒店所设定的特定主题。这些主题不仅为酒店赋予了独特的标识，更成为其吸引顾客的关键所在。以美国奥兰多的洛伊斯波托菲诺湾环球酒店为例，作为全球唯一以动画片《神偷奶爸》为主题的酒店，其"小黄人"套房充满萌趣，成为一大亮点。

同样，在国内也有类似的主题酒店，如上海的奥特曼主题酒店。奥特曼作为孩子们心中的超级英雄，以其为主题打造的酒店无疑对孩子们具有巨大的吸引力。对于主题酒店而言，主题的选择和确定至关重要，因为它是营造独特体验和高品质服务的基础。因此，经营一家主题酒店，其核心在于如何精准地选择和塑造与酒店定位相契合的主题。

那么，如何确定主题呢？原则如图 2-1 所示。

（1）能营造有别于其他酒店的独特体验

主题酒店通过主题来创造独特的氛围和体验，所以，确定主题的首要原则就是能营造独特体验。无论是自然风光主题，还是人文景观主题，抑或其他主题，前提就是能够给客人带来与众不同的体验。

1 能营造有别于其他酒店的独特体验

2 能激发客人的情感共鸣和参与积极性

3 有利于打造个性化、定制化的服务

4 有利于打造好口碑，带来口碑效应

图 2-1 确定主题酒店"主题"的 4 个原则

（2）能激发客人的情感共鸣和参与积极性

体验更多地满足情感或感官需求，因此，主题酒店的主题一定要能够引发客人的情感共鸣或参与其中的积极性。比如，科幻主题，就要能激发客人有穿越时空的欲望，并参与角色扮演、体验奇幻旅程，这种亲身参与的体验使其与普通酒店不同。

（3）有利于打造个性化、定制化的服务

主题酒店"主题"特色的最直接体现是服务的个性化，为客人提供更加贴心和符合偏好的服务。无论是房间的装饰、餐饮安排还是娱乐活动，主题酒店都能够根据主题来提供定制化服务。

（4）有利于打造好口碑，带来口碑效应

主题酒店的主题要有利于传播，比如，在室内装修上的体现，打造周边 IP 衍生物等，有利于客人在社交媒体上转发和分享，这些分享将为酒店带来更多的曝光和口碑宣传。

主题酒店卖的就是主题，不同的主题可吸引不同的消费人群。随着社会的发展，人与人之间的差异越来越大，尤其是在文化素养及精神追求上体现得淋漓尽致。因此，在确定做一家主题酒店之初，主题的选择是重中之重，好的主题可以很好地传递酒店特色文化，也可以吸引大量的消费者。

2.2 四大关键因素，影响主题选择

主题酒店在主题的选择上，除了要坚持原则外，还要兼顾其他因素的影响。表面上看，历史、文化、城市、自然、神话与童话故事等都可成为酒店主题，但在具体选择上不能随心所欲。因为不同主题给客人带来的实际感受是不一样的。有的主题有绝对优势，能保证酒店长期处于竞争的顶端；有的主题同质化严重，很快就被模仿或超越；而有的主题则因不合时宜，反而会给酒店带来负面效应。

比如，在一些具有特殊文化的城市，与文化相悖的主题会对城市形象造成冲击，那这个酒店肯定不会受欢迎。

鉴于此，经营者在确定酒店"主题"时，要充分考虑多种因素的影响，包括常

规因素和非常规因素。影响酒店"主题"选择的因素有如图2-2所示的4个。

（1）地域因素

地域因素是影响主题酒店"主题"选择的首要因素，正确选址是确定"主题"的先决条件。

有的经营者在选择酒店地址时，没有综合考虑当地的实际情况，从而使酒店的文化特色、形象标识、建筑设计等与当地有较大的出入。不但阻碍了自身的发展，在经营上倍感吃力，还会被认为"大煞风景"，无法使客人在消费过程中获得良好的体验。

图2-2　影响酒店"主题"选择的因素

还有一种忽略地域影响的表现是，经营者盲目照搬西方国家的主题，主题严重西方化。有些主题在国外很受欢迎，但在国内就是另一番场景，盲目跟风、复制无法取得良好经营效果。

西方的地域文化与我国有显著的差异，热情奔放的西方文化无法在国内取得广泛的推广，被消费者认同。其次，有的经营者在学习西方国家的酒店主题时，没有学到精髓，只是简单搬运，形式一样，但内在无法做到一致，不伦不类的风格无法引起消费者的共鸣。

（2）经济因素

经济因素就是考虑酒店所在地的经济发展水平或大众消费水平，经济因素对酒店来说非常重要。因为主题酒店消费群体定位是中高档人群，经济欠发达地区必定缺乏一定的经济支撑。

一般来说，经济发展较好、人口基数大的城市，如省会城市、直辖市、地级强市或百强县适合开设主题酒店。再者，同一城市不同位置相差也很大，比如，商业区、文化区、旅游区、行政中心、成熟的开发区，主题选择有所侧重。比如，高档写字楼集中的商业区适合中端、文化类主题酒店；生活配套或城市休闲配套完善的地方，有餐饮购物、休闲娱乐的地方，非常适合情侣主题酒店。

（3）文化因素

很多主题酒店的"主题"缺少文化支撑，而缺少文化支撑的"主题"只是通过简单的手法，将主题元素强加到酒店建筑、室内装饰中。目的是通过刺激消费者的感官，触发表层的一瞬间感知，殊不知这与真正的主题相距甚远。

简单粗暴赋予酒店某一"主题"，没有相应的文化配套或缺失精神层面相关的嵌入，很难引起好的效应。因此，在确立酒店主题之前，不能忽视主题与所属文化的配套。这也是为什么一些经济发达但文化底蕴单薄的城市，主题酒店很难发展起来；相反，在一些文化比较多元化的城市，无论经济条件如何，主题酒店都有很大发展空间。

> **案例 1**
> 一家以禅学为主题的酒店，真正地做到了与禅文化的融合。该酒店没有选择繁华的都市，建筑、装饰也非常简单、朴实。很多区域，包括墙体、装饰材料都用的是原木、稻草、树皮、石块，空气中会弥漫淡淡的檀香，远处隐隐约约传来寺庙的钟声。加上旁边几丛随风摇曳的芦苇，环境显得十分清幽、恬静，令客人瞬间放下心中的疲惫和烦恼，静心体会禅修的境界。

这才是主题酒店的文化精髓所在，不是提供单纯的文化产品或服务，而是注重文化给客人带来的切身感受。它避免了过度商业化的气氛，反而营造出一种极为放松、自然且充满韵味的文化环境，在此体验与众不同的精神愉悦。

衡量高质量的生活，物质只是一部分，而能提供灵魂深处震撼的、极大认同的精神支撑才是绝大多数人终生的追求。

（4）创新因素

主题酒店的主题往往赢在"创新"，通过对主题的不断创新，实现差异化竞争。一个好的主题酒店会受到追崇和模仿，某一主题被大范围地流传后就失去了其特殊性，消费者的选择性变多了，就无法凸显文化的特色。因此，在主题选择上要不断创新，提高主题的特殊性，使消费者选择性变小。

然而，"创新"是一把双刃剑，有人将创新当作了猎奇手段。部分酒店为了博取眼球，会制作一些过于猎奇的主题，并以此为主打，吸引一些好奇心强的消费者前来体验。但这样的主题受众范围小，容易引起消费者的反感，甚至引来抵制。

所以，在创新酒店主题时，一定要有个"度"，过于狭窄，离大众消费较远的，带有猎奇色彩的主题，都是不宜拿来用的。

2.3 酒店"主题"的两大体现途径

主题酒店的"主题"是凸显酒店个性的一种方式，有什么样的主题，就会给客人带来相应的体验。因此，对于酒店经营者而言，在确定某个"主题"以后，就要以该主题为基础，紧紧围绕主题进一步打造。

2.3.1 外在惊艳：主题酒店的外观与氛围

酒店"主题"的体现可以通过外在和内在两种途径实现，一般来讲，外在途径是显性的，内在途径是隐性的。一般表现在建筑风格、室内装修、设施、装饰物及员工言行上。体现主题酒店的"主题"有一个由外而内的过程，所以，首先是打造与主题匹配一致的建筑风格、室内装修、员工规范。

案例 2

福克斯艺术酒店位于丹麦首都哥本哈根，它的出现曾震惊了酒店以及涂鸦艺术界。该酒店内外都流露出一股活泼、前卫的艺术气息，淋漓尽致地体现出丹麦"童话王国"的地位。

最初，该酒店只是一家普通的三星级酒店，为了转型主题酒店，经营者邀请了全球来自13个国家的21位著名的涂鸦艺术家、插画设计师彻底改头换面，61个房间配以61种不同的装饰设计，不再独沽一味，而是充满年轻活泼的街头艺术，在这充满无限创意的酒店里住宿，游客惊奇万分。

该酒店将建筑、室内装修与街头艺术结合，让涂鸦也登上了大雅之堂，充分体现了酒店的童话主题定位。主题酒店的建筑风格、内部装修都要与主题保持一致性，这是确保客人体验连贯性的重要因素。

传统酒店只是向客人提供住房、餐饮、娱乐等服务，在装修风格上过于单调，也没有体现品牌主题的产品或服务，导致客人入住后体验太差。主题酒店是建立在传统酒店之上的一种新型经营模式，其十分重视自己的"个性"，在装饰风格、服务项目上与其他酒店形成鲜明的对比，保证客人在居住的同时，又能够得到感官与精神上的进一步的享受与释放。

所以，主题酒店在进行内部装饰和设计之前，必须明确主题，在主题的基础上进行相应创造，以让"主题"更明确。

关于酒店主题内涵如何与外在具体表现保持一致性，可以参考如表 2-1 所列的 5 个方面。

表 2-1　酒店主题内涵与外在具体表现保持一致性的 5 个方面

方面	具体内容
建筑外观	建筑外观和风格要与酒店主题相符。例如，如果酒店主题是海滨度假，则可以选择现代、轻松的建筑风格；如果酒店主题是古典宫殿，则可以选择具有欧洲古典元素的建筑风格
室内设计	酒店室内设计与酒店主题相呼应。选择相应的装饰元素、家具样式和配色方案，以创造一种与主题一致的氛围。例如，主题是自然与生态，可以使用木质家具、自然材料和中性色调
装饰物	装饰物目的是强调酒店主题，包括挂画、雕塑、壁纸、地毯等。确保选择的艺术和装饰物与主题风格相符，并与建筑和室内设计风格相协调
设施	酒店的设施和服务也应与主题保持一致。例如，如果主题是健康和放松，可以提供健身房、水疗中心和健康饮食选项
员工着装	为员工设计合适的服装，并确保他们的着装与酒店主题相呼应，这可以帮助营造一种整体连贯的客人体验

保持酒店各方面与主题的一致，可以营造独特而令人难忘的氛围，让客人沉浸式体验。换句话说，无论选择什么样的主题，都要始终确保酒店建筑、室内设计、装饰和服务与之相匹配，以创造一个统一而完整的品牌形象。

不过，需要注意的是，主题酒店在各个元素的统筹上，必须有浓厚的文化底蕴作支撑。文化才是一家主题酒店的灵魂，文化的深厚程度决定了酒店基因，这些尽管都会体现在建筑、装修上，但这尚属于浅层次的结合，是远远不够的，还需要结合酒店的经营管理理念、提供的产品与服务、文化营造来做进一步的深化和延伸。

2.3.2　内在韵味：主题酒店的服务与细节

酒店主题保持与建筑、室内装修风格的一致仅仅是其中一个方面。内在体现主要集中在经营管理、提供的产品与服务、文化营造上。

一家主题酒店要想深耕某个主题，并让文化持续发展，必须做到内、外同时与主题保持高度一致。只有这样，才能营造一种无法模仿、无法复制的独特魅力与个性，实现酒店知名度、服务质量的全面提升。

酒店"主题"内在体现的具体做法如图 2-3 所示。

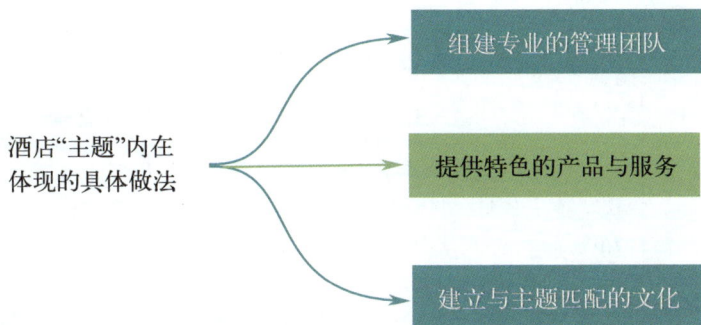

图 2-3　匹配"主题"的做法

（1）组建专业的管理团队

与传统酒店相比，主题酒店更具人文情怀，在服务上更个性化，也更有针对性。因此，主题酒店需要更加专业的管理团队，专业管理团队在服务经验上远远高于普通团队，为提供不一样的服务做支撑，为酒店的长期经营奠定良好的基础。

在团队组建上，通常需要做好以下 4 点。

❶ 选定领导者。确定一个合适的领导者来带领团队工作。这个领导者应该具备良好的领导能力和酒店管理经验。同时，领导者还应有清晰的愿景和目标，并能够激励团队成员实现这些目标。

❷ 选择团队成员。根据主题酒店的特点和目标受众群体，选择适合的团队成员。这些成员应该具备相关行业经验和专业知识，如酒店管理、客人服务、市场营销等。同时，他们还应具备团队合作能力和解决问题的能力。

❸ 规划工作流程。制定明确的工作流程和岗位职责，确保各个团队成员的工作任务清晰可执行。同时，建立有效沟通机制，促进团队成员之间的协作和信息共享。

❹ 留住优秀人才。比如，建立激励和奖励机制，激发团队成员的积极性和创造力。可以设置绩效考核和奖励制度，以及提供良好的工作环境和福利待遇，吸引和留住优秀的人才。

（2）提供特色的产品与服务

主题酒店在产品或服务的提供上，通常包括如表 2-2 所列的 5 项内容，以提升客人的体验和满意度。

表 2-2　主题酒店提供的特色产品或服务

内容	具体内容
主题活动和体验	经常提供与酒店主题相关的独特活动和体验。例如，如果酒店的主题是冒险探险，则可能会提供户外探险活动或模拟冒险场景。这些活动和体验可以帮助客人更好地融入主题，并提供一种与众不同的旅行体验
客房设计和设施	主题酒店的客房通常会以鲜明的主题风格进行设计和装饰。客房内的家具、配色、墙纸、艺术品、床上用品等都会与主题相符。此外，酒店还可能提供特别定制的主题设施和服务，如主题浴缸、主题化妆品、主题电影或音乐等，以提升客人的体验
主题餐品和饮品	主题酒店通常会提供与主题相匹配的餐品和饮品选择。比如，如果酒店主题是海洋，餐厅可能会提供海鲜和海洋主题菜肴。这样的餐饮体验可以增强客人对酒店主题的沉浸感，并丰富他们的旅行记忆
专业演绎和互动	一些主题酒店会雇用专业演员扮演与主题相关的角色，或者提供互动活动来增强客人的参与感和娱乐性。例如，在一个中世纪主题酒店中，客人可以参加骑士比武表演或者剑术课程
主题定制服务	主题酒店通常会提供个性化的主题定制服务，以满足客人的特殊需求。这可以包括定制的主题派对、庆生活动、主题婚礼等。通过提供与主题相关的特殊服务，主题酒店能够为客人带来独特而个性化的体验

以上是主题酒店在服务上的一些特色。通过将主题贯穿于整个客人体验过程中，主题酒店能够创造出令人难忘和独特的旅行体验，提供与众不同的服务，吸引更多客人的兴趣和关注。

（3）建立与主题匹配的文化

建立与主题匹配的文化是确保客人体验连贯性的重要措施，能在整个酒店中营造出凝聚力极强的氛围，提升客人满意度和忠诚度。

那么，如何建立与主题匹配的文化呢？可以采用多项措施，如员工着装、室内设计风格、装饰品或物件的摆放等。如表 2-3 所列是一些关于建立与酒店主题匹配的文化的措施。

表 2-3 建立与酒店主题匹配的文化的措施

措施	具体内容
内部培训	确保员工对酒店主题有充分了解，并能够将文化传达给客人。所以员工培训很重要，包括主题历史、背景、含义等。这样，员工在与客人交流时能够提供准确的信息，并提供与主题相关的服务
员工着装	确保员工的着装与酒店主题相符。员工的服装应与主题一致，以增强客人对主题的感知和体验。可以设计专门的员工制服，或者提供指定的配饰和服装要求
内部文化推广	通过内部活动和沟通渠道来加强酒店主题的传播和推广。例如，举办主题日活动、比赛和团队建设活动。同时，在员工通信中加入与主题相关的内容和故事，让整个团队都能参与进来
酒店装饰和环境	酒店的装饰和环境应与主题相呼应，创造出一种与主题一致的氛围。这包括墙壁装饰、艺术品、植物、音乐等方面。通过细节的呈现，能够加强客人对主题的感知和认同
与当地文化融合	如果酒店主题与当地文化相关，可以将当地文化元素融入酒店的服务和体验中。例如，提供当地传统美食、文化表演或特色活动，以增进客人对当地文化的了解和体验

经营主题酒店，要考虑内在与外在的双向发展，注重方方面面的细枝末节，主题确定好的同时结合一定的运营策略，才能凸显特色，走得更远。

2.4　主题酒店的六大主题类型

主题酒店的主题类型非常多，但总结起来有几个典型的大类型。比如，自然风光酒店、历史文化酒店、城市特色酒店等。它们依托自然风光、人文景观或艺术、文化等特定的主题，把富有特色的主题搬进酒店，给客人营造一个身临其境的场景。不同的主题，经营策略不同，这是酒店经营者要特别注意的。

2.4.1　自然风光主题：沉浸在大自然的怀抱中

"自然风光"主题是主题酒店中占比最大的一类酒店，它以自然风光为基础，确立酒店的特色，例如，火山酒店、瀑布酒店、海底酒店、树屋酒店、山崖酒店等，通过将富有特色的自然风光与酒店住宿、餐饮服务融为一体，营造一种身临其境的场景。这种主题较之人文景观、历史文化等主题都比较容易把握。

案例 3

Polignano a Mare 是意大利南部的一个小镇，有着狭窄的街道、建在悬崖峭壁上的房子，藏身于美丽的风景洞穴和岩石之中。

位于这个小镇的 Grotta Palazzese 酒店（图 2-4）最独特的是它的餐厅，墙壁完全由岩洞代替，敞开的洞口可以让人欣赏美丽的亚得里亚

图 2-4　Grotta Palazzese 酒店部分图景

海。餐厅海拔只有 74 英尺（1 英尺 =0.3048 米），所以客人可以尽情享受浪花拍打在岸边的感觉。酒店提供的美食相当丰富，有 Fiano di Avellino 白葡萄酒、泰式鱿鱼和蒜爆大虾等，绝对能满足一个吃货躁动的心。

餐厅是酒店的一部分，其名字"Grotta"在意大利语中有"洞穴"之意，用当地的石头铸造而成，白天洞穴的部分照明来自透蓝海水反射的阳光，餐桌、岩石、海水融为一体，美得令人窒息。

这类酒店依托独有的自然风光，采用放大、夸张的表现手法，让客人在就餐之余感叹自然界的伟大。

2.4.2　历史文化主题：穿越时光的隧道

在主题酒店"家族"中，历史文化主题酒店是一个特殊的存在，它间接地将历史文化保护了下来，就像一个特殊的文化符号，是对名人精神与文化的延续和继承。

历史文化主题酒店的打造，通常是对拥有悠久历史的建筑物进行打造，在此基础上形成酒店。同时，融入现代化的高端设施，使客人在住宿、就餐中体验到当地

的文化和风俗。

这类酒店市场份额目前在全球范围内正在不断增长，尤其是历史建筑较多、传统文化深厚的城市和地区。比如，当前比较盛行的中国风酒店，示意图如图2-5所示。

以北京为例。北京作为中国六大古都之一，有3000多年的建城史、800多年的建都史。这些便利条件都为历史文化主题类酒店的出现奠定了坚实的基础。因此，北京的历史文化主题酒店就相对较多。

图2-5　中国风酒店示意图

案例4

位于市中心兴华胡同的一家特色酒店，是建立在清朝开国元勋索尼私宅的基础之上，标准的老北京四合院格局。尽管处于窄窄的胡同内，但十分有特色，走进胡同，轻轻叩开大门，眼前豁然开朗，一桌一几都会给客人浓浓的京味儿。10个房间，天井全封闭，每个房间都很宽敞。

颐和安缦酒店坐落于颐和园邻近的一条幽静街巷之中，其建筑源自19世纪末的皇家宫殿，选材考究，保存状况极佳。踏入酒店大门，即刻能体会到其独特的文化氛围，体现了对自然的尊重以及中华文化的和谐统一。该酒店拥有一条隐秘通道，便于宾客随时进出颐和园，享受无更多游客打扰的宁静时光。

再例如，什刹海边胡同里有一家以皮影为主题的酒店。推开沉重的木门走进酒店，文化气息扑面而来，墙上、房门、灯具、画中到处可以见到皮影元素。房间分别为"生、旦、净、末、丑"，坐在房间里靠窗的炕上，能够望到一楼天井正中的皮影戏台，晚上也能欣赏到精彩的皮影表演。

2.4.3　城市特色主题：感受都市的脉搏

城市特色酒店是历史文化酒店的外延，因为很多历史文化都与城市息息相关，每个城市都有自己的过去，有自己的历史文化沉淀，不同的城市有不同的历史，城市特色往往也是通过历史来体现的。

所以，城市特色主题酒店通常仍需要以历史为基础，当然，城市特色并不局限于历史文化。例如，深圳威尼斯酒店，该酒店对水城威尼斯的文化进行包装，利用了众多可反映威尼斯文化的建筑元素，充分展现地中海风情和威尼斯水城文化，示意图如图2-6所示。

比较典型的城市特色主题酒店，还有美国的ACE，酒店主打年轻族群，可谓是城市特色酒店的先驱。

图2-6　地中海风情的特色酒店示意图

案例5

1999年，ACE创始人Alex Calderwood买下西雅图一家小旅馆，并注入了自己对新住宿的理解：去标准化。这是他对精品酒店的新注释。8年后，在波特兰大开了第一家ACE的分店，此时，ACE已经逐渐变身为一个颠覆传统酒店的存在。它不依赖景点，在城市中寻觅具有当地文化和风情的建筑，将酒店的风格加入其中，同时注入新鲜的生命力和活力，摇身一变成为城中潮地，得到无数消费者的厚爱。

让ACE在酒店界独树一帜的另一点是，他旗下的每一家分店都是独特的、不可复制的。ACE酒店有9家分店，每家分店都随着当地文化而定制设计，拥有个性独立的特色与故事，是酒店亦是潮店，尤其受到时尚潮流年轻一族的青睐。

比如洛杉矶分店，ACE将一栋始建于1927年的剧场进行了修复和改造。

这个充满传奇色彩的剧场曾是默片时代的宠儿，汇聚了卓别林这种级别的默剧大亨，楼上14层的哥特式办公室可谓风格独具。ACE让这栋本身就很有故事的建筑焕发新生，客房的设计灵感来自鲁道夫·辛德勒位于西好莱坞的住宅，这里也依然用来举办音乐会和演讲等，物尽其用，又非常前卫。

2.4.4　亲子陪伴主题：家庭欢乐的温馨天地

亲子陪伴主题酒店是随着家庭教育理念、方式的转变，和新一代年轻父母对亲子关系的重视而发展起来的一种酒店形式。新一代父母越来越重视与孩子在一起的时光，亲子陪伴也成为近几年的热门话题。类似综艺节目备受关注就是明证，再一个就是亲子主题酒店的出现。

亲子陪伴主题酒店在国外出现得较早，至今已发展得非常完善。随着国人对亲子关系的日渐重视，亲子陪伴主题酒店也逐步成为国内旅游休闲市场的重要部分，此类酒店也开始备受欢迎。如何在正确的理念与环境下促进亲子关系，让孩子更好地认知家庭以外的世界，亲子主题酒店成为家庭出游的重要选择。

案例6

广州长隆酒店是全国知名的亲子酒店，其独特魅力不仅仅体现在舒适的住宿环境和精致的餐饮服务上，更在于其与长隆旅游度假区的完美融合。在这里，家庭旅客可以享受到与众不同的亲子体验，让孩子们在欢乐中学习和成长。

酒店周边环境优美，绿树成荫，花香四溢。入住期间，家长们可以带着孩子漫步在度假区的绿意中，感受大自然的宁静与和谐。而酒店内部的设施同样丰富多彩，游泳池、健身房、儿童游乐场等一应俱全，让孩子们在玩耍的同时也能锻炼身体，提高身体素质。

值得一提的是，广州长隆酒店还是全国唯一放养白虎及火烈鸟的五星级酒店。在餐厅用餐时，家长们可以带着孩子一边品尝美食，一边观赏窗外悠然自得的白虎和火烈鸟。这种独特的用餐体验不仅让孩子们亲近了自然，也让他们对野生动物有了更深入的了解和认识。

此外，广州长隆酒店还定期举办各种亲子活动，如亲子瑜伽、亲子烘焙等，让家庭成员在互动中增进感情，共同度过愉快的时光。这些活动不仅丰富了孩子们的假期生活，也让每一个家庭都能找到属于自己的欢乐和温馨，享受难忘的亲子时光。

然而，亲子陪伴主题酒店的打造，绝不仅仅是我们成人理解下五彩斑斓的卡通环境营造，其核心在于：充分展示亲子文化，传播成功的亲子理念，注重激发孩子的兴趣，多增加一些亲子互动环节。

比如，某酒店主打的是儿童探寻宝藏，登记入住时孩子就可以拿到一张寻宝地图，上面有若干问题，以考验孩子的观察力。比如，大厅有多少气球？到房间的过程出现多少酒店标识（logo）？在房间的指定家具中有任务指示，动手完成拼图可得到线索，最后把数字连起来可形成一组密码，开启宝藏箱，房间的室内布置也有海盗船等主题。

2.4.5　艺术特色主题：品味艺术的饕餮盛宴

凡与艺术领域相关的，如音乐、电影、美术、花艺等，都可成为艺术特色主题酒店的主题。该类酒店比较典型的有香港迪士尼好莱坞酒店和亚洲第一座摇滚音乐主题酒店——巴厘岛硬石酒店。

案例 7

巴厘岛硬石酒店（Hard Rock Hotel Bali）是位于印度尼西亚巴厘岛著名的冲浪海滩上的一家拥有 40 年历史的以摇滚音乐为主题的豪华酒店。这家酒店以其现代化的设计和一流的服务而闻名，为客人提供舒适的住宿体验。为纪念从 20 世纪 50 年代到 90 年代末的摇滚表演艺术家们，反映每个阶段的音乐、时尚和艺术的面貌，酒店的墙壁上有各种图片、纪念品和肖像装饰，酒店的摇滚音乐让每位客人都随之狂欢。

酒店大厅中央挑高的舞台每晚都有小型现场演唱会。酒店的客房分为六个区域并各以音乐命名，包括摇滚、蓝调、另类、流行音乐等。酒店的 400 多间客房全部提供互动式影音娱乐系统，比如，展出音乐文物、音乐家手稿、老唱片封面、歌唱家用过的服饰。酒店设有一流的专业录音棚，客人可以通过专业人员的帮助，自己录音，刻录 CD，一圆疯狂摇滚音乐的梦想。

该酒店的成功之处就在于其市场细分十分明确，客源对象就是全世界的摇滚音乐爱好者。换言之，放弃了其他音乐爱好者的市场，专营摇滚音乐产品，专门为摇滚音乐客人提供一切有针对性的服务。爱好摇滚音乐的客人成为酒店的忠诚客人，也是其他酒店很难抢走的客人。

2.4.6　社交分享主题：拓展人际的绝佳平台

随着分享型经济慢慢成为一种新的经济形态，大众，尤其是新一代消费者对社交的需求逐渐放大。无论是否在社交场合，都在努力寻求全面兼顾社交需求的体验。比如，现在很多购物商城，无论线上还是线下都在寻求社交化。如果只是将商城入口简单地置于购物频道的链接，效果是一般的。但是倘若加入社交元素，或直接借助社交平台，就是另一番景象。

当前，商城已经不再是一个购物平台，而是为消费者提供便捷、贴心、趣味、社交的"第三生活空间"。在此背景下，酒店社交化也在情理之中，很多酒店直接明确了自己的社交属性，旨在打造社交主题酒店。

案例 8

西班牙一家酒店，联手推特（Twitter）平台，目的是为客人提供一个信息与图片分享渠道。

酒店提供一款个性化 App，客人登录 App 后，既可以向酒店其他客人推送 Twitter，分享图片、信息等；也可以向酒店礼宾部门发送请求，比如，要求酒店补充冰箱里的食物。

澳大利亚也有一家这样的酒店，它们的规定特别有趣。比如，客人只要在照片墙（Instagram）上粉丝超过 1 万人，那么就可以获得酒店的免费住宿优惠。同时，该酒店将房间设计得非常有社交属性，成为很多客人的打卡之地，吸引客人不断前往拍照留念。

同时，客人拍摄的优秀照片还可以上传至酒店，轮流在酒店大堂屏幕上展示，而这一举措，也使酒店成为客人与客人交流的汇集地。

其实，酒店社交属性早就有之，很多综合型酒店也尝试打造虚拟社交空间，研发不少主打或者强调社交属性的功能，比较有代表性的如亚朵酒店的"第三空间"概念；其他如华住集团推出的 CitiGO 酒店；首旅如家酒店集团旗下的和颐至尊酒店，开辟了社群空间，定期举办各种社群活动；铂涛旗下的 ZMAX 潮漫酒店定位于潮牌社交酒店；一些小众品牌也越来越在空间布局和运营中注重社交属性。

目前国内强调社交属性的酒店基本遵循"大公区"的原则，都没有将社交当作一个主题专门去运营，只是针对陌生人社交，利用大堂吧等公共空间，提供健身、咖啡、音乐、派对、阅读、艺术展示、无人零售等功能，鼓励客人走进公区。随着社会经济的变革，孤独已然成为大多数现代人的普遍情感体验，2000 年以后出生的人容易接受亚文化圈子的交流。越来越多年轻人开始选择通过陌生人社交与他人建立联系，社交压力会更小。

而酒店为了凸显社交功能，大堂的接待功能将退化，前台尽量小或者改用无人办理入住。空间交给社交、审美、休闲等功能。

　　酒店社交化的前景是广阔的，但是并不是所有的酒店都合适，要做好社交文化属性也并不容易。首先要挖掘和塑造社交文化，并不是强行将文化属性移植到酒店空间，而是基于酒店客人资料分析、酒店所在地特色文化提炼、酒店经营者有意识引导塑造而打造的以某个亚文化圈子为主的社交空间。

2.5　酒店主题定位三个注意事项

　　独特的主题是主题酒店经营非常重要的一步，但是在做主题定位和选择时，除了遵循最基本的市场需求、客人需求外，还要注意一些事项。这些事项包括如图2-7所示的三点。

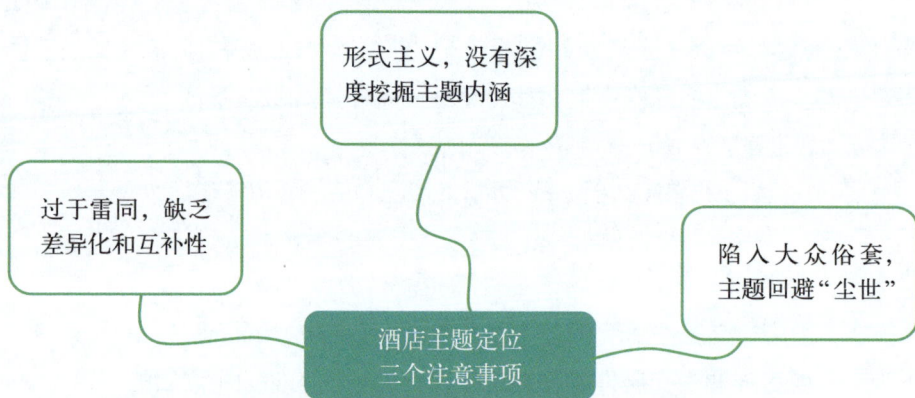

图 2-7　酒店主题定位三个注意事项

（1）过于雷同，缺乏差异化和互补性

　　企业核心竞争力的特点之一是具有不可模仿性，主题酒店的竞争策略实际上是一种差异化策略。所以，酒店在主题选择上必须注重独特新颖，避免雷同，最好能相互补充，并能带给客人独特的体验和感受。这样既不会引起竞争者的敌视，还可以创造彼此联合发展的机会，建立良好的竞争环境。如拉斯维加斯主题酒店的主题多种多样，有城市的、故事的、自然风光的，同时，各个酒店的主题独特新颖，不管是纽约酒店、巴黎酒店、威尼斯酒店，还是神剑酒店、阿拉丁酒店，都以其共性形成规模效应，彼此衬托，成为一个主题酒店产业群，使得客人体验更为丰富。

（2）形式主义，没有深度挖掘主题内涵

"主题"二字源于文学作品，主题本身就是一个文化信号。所以，主题酒店产品只有融入丰富的主题文化内涵，才能带给客人有价值的体验。

很多主题酒店做所谓的"主题"，只是搞"形式主义"，形式大于内容。从客人的体验来看，体验必须是全方位的，除了娱乐，还包括审美、教育，以及遁世体验（完全融入的境界），而审美、教育、遁世体验对文化要求很高，尤其是能够将客人吸引其中，并使客人有所感悟的主题文化。

案例 9

位于四川都江堰青城山山麓的鹤翔山庄的主题是"道家文化"，具体来说有以下几方面。

一是"道家文化"是中国本土文化，博大精深，在中国具有广泛的认可度，能使人产生美好的联想，从而让人觉得很有品位和档次。

二是"道家文化"提倡"节欲""无为而治""道法自然"，易于在酒店经营中融合、体现、贯通，其文化精髓符合现代社会的精神需求，尤其是道家养生文化源远流长，特别适合现代健康观念与消费潮流，所以，鹤翔山庄多以养生文化为重点，是重中之重。

三是"道家文化"为成都市、都江堰市的城市文化"名片"，被省、市政府作为"两大文化建设工程"之一，列入了当地社会发展计划。

四是鹤翔山庄选择道家文化而不是道教文化。一字之差充分体现了他们对国家宗教政策与信仰自由方面的深刻了解，对"度"的把握凸显了其主题选择的鲜明性，也使得其在主题的表现上能够集中而细腻，不会出现主题宽泛的现象。

（3）陷入大众俗套，主题回避"尘世"

对于客人来说，入住主题酒店其中一个目的就是逃避现实生活的纷纷扰扰，获得心灵的净化与回归，所以对于客人在生活中的角色不要过分强调，让客人暂时忘记现实中的繁忙和烦恼，来个"好梦一日游"。

当然，主题酒店的主题概念必须在客人的可接受范围内，不能太过离奇，匪夷所思，导致目标客群规模的可经营性降低，甚至无利可图。

3

精品酒店:

玩味精致，
邂逅"精"彩人生

精品酒店因其卓越的市场表现、可观的经营利润以及引领潮流的消费方式，吸引了众多创业者和管理者的目光。精品酒店这一概念最早源自国外，其英文名称 Boutique Hotel 中的 Boutique 即蕴含了"小巧、时尚、潮流"等内涵。

3.1　精品酒店与主题酒店：风格各异，魅力无穷

在现实中，精品酒店与主题酒店并无明确的界限，因为两者的特征高度重合。有些主题酒店做得非常精致、高档、时尚，有些精品酒店往往也有特定的主题。所以，我们经常看到很多酒店写着"精品主题酒店"的字样。

其实，两者的经营理念完全不同，这会涉及内部管理策略、定价策略等多方面。

投资一家精品酒店要比投资一家主题酒店成本高很多，虽然房间数量接近，一般都在10～50间，但单间投资成本相差很大，精品酒店追求时尚，追求品质，一般比五星级酒店投资还要高。所以，精品酒店房价一般会很高，堪比五星级酒店。而主题酒店价格相对比较亲民，在大多数人可承受的范围之内。

除了价格之外，精品酒店和主题酒店还有两个显著的区别：一个是品质，另一个是服务。

在品质方面，精品酒店通常注重细节和精致感，从建筑设计到内部装修，都力求展现独特的艺术风格和品位。这些酒店通常选用高品质的家具、床上用品和设施，以提供舒适、优雅的住宿环境。此外，精品酒店往往位于市中心或风景名胜区，为客人提供便利的地理位置和独特的景观体验。

相比之下，主题酒店则更加注重创意和个性化。它们以特定的主题或文化为背景，通过独特的装饰设计和氛围营造，让客人沉浸于特定的主题体验中。主题酒店可以电影、音乐、艺术、历史等为主题，通过精心设计的房间、餐厅和公共区域，让客人仿佛置身于一个充满创意和想象的世界。

在服务方面，精品酒店通常提供更为全面和个性化的服务。它们的工作人员通常都接受过专业培训，能够提供高质量的服务，满足客人的各种需求。精品酒店还能提供专属的管家服务、私人定制的餐饮体验等，让客人感受到尊贵和贴心的服务。

而主题酒店则可能更加注重互动性和娱乐性。它们可能会组织各种主题活动、表演和互动体验，让客人在住宿的过程中参与其中，享受独特的乐趣。主题酒店还可能提供与主题相关的特色服务，如主题餐厅、主题礼品店等，让客人能够更深入地体验主题文化的魅力。

综上所述，精品酒店和主题酒店在品质和服务方面各有特色。精品酒店注重细

节和精致感，提供全面、个性化的服务；而主题酒店则注重创意和个性化，提供互动性和娱乐性的体验。客人可以根据自己的需求和喜好选择适合自己的酒店类型，享受独特的住宿体验。

3.2 精品酒店：精益求精，品质升级新体验

严格来讲，精品酒店是主题酒店的更高一级的升华，是高档版的主题酒店，配置顶级，装修奢华。精品酒店重点不在于"主题"，而是"品质"，最明显的特征是少而精，房间数量比较少，致力于锁定追求高品质生活的人群。

精品酒店的"精"主要体现在如图 3-1 所示的 6 点。

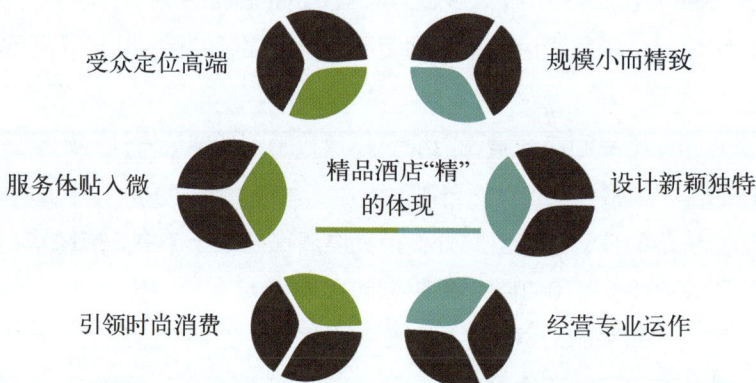

受众定位高端　　　　规模小而精致

服务体贴入微　　精品酒店"精"的体现　　设计新颖独特

引领时尚消费　　　　经营专业运作

图 3-1　精品酒店"精"的主要体现

（1）受众定位高端

精品酒店目标受众主要是高端消费群体，所以，尽管其客房数量很少，但由于单间房价高，酒店整体收益往往也很高。

下面引用一组数据加以说明：

20 年前，美国市场的精品酒店还很少，客房数量只占整个行业的 1%，但总收入却高达整个行业总收入的 3%。入住率、平均房价、单房产值均高于全行业。2007 年 5 月，法国雅高酒店集团旗下的上海璞邸精品酒店开业，最低房价为人民币 4680 元/夜，被称为当时上海房价最贵的酒店。

（2）规模小而精致

精品酒店就像汽车中的保时捷，昂贵而个性十足。如果将各类酒店比作百货商场商品的话，那么精品酒店就是某类精品商品了。精品酒店规模一般不大，接待客流有限，但客房面积宽敞、设施高档，服务和消费的私密性也很强。

（3）服务体贴入微

精品酒店为客人提供的是定制化、个性化与人性化服务，服务理念、服务方式远高于一般的五星级酒店，服务人员数与客房数通常会达到 3：1，甚至 5：1，是一种"贴身管家式服务"。

精品酒店往往都有"专职管家"，能最大限度地满足客人的个性化需求，亲切、殷勤、真诚、专属，让客人流连忘返，再次入住。

喜达屋酒店与度假村国际集团旗下 W 酒店推出招牌服务"随时 / 随需"，宗旨就是随时满足每位客人的合理需求。比如，其"烛光服务"，每晚 9 点左右，客房管家会将一个薰衣草枕头、一个眼罩和一瓶薰衣草精油送到客人房间。其中枕头有一个"安眠枕菜单"，包括三种枕头，客人可以任意选择，加上配置在床垫上的松软羽绒被，让客人有"睡在云端"的感觉。

（4）设计新颖独特

大多数精品酒店以富有创造性的设计而著称，有的新奇刺激，有的显露灵气，有的充满个性，有时还有几分怪诞。这些都使它与其他类型的酒店相比，识别度、知名度更高。

精品酒店更强调舒适度，将大堂变成了舞台、社交中心，让室外公共空间与室内大堂一样美妙而宜人，使两者之间传统的界限变得模糊。

（5）引领时尚消费

精品酒店作为定位高端的消费型产品，迎合了市场由大众消费向个性化、体验型消费变换的潮流，引导了新的时尚消费方式。正如，喜达屋集团 W 酒店自我宣扬的：W 不只是一个酒店品牌，而是一种标志性的生活时尚，为客人提供前所未有的独特体验。

精品酒店的时尚与创新体现在环境、设施、服务、经营方式等各个方面，包括运用新科技增加服务产品的含金量，提高客人舒适度与独特体验的感受。如一些精品酒店在客房内设置不同的灯光模式，客房内配有触屏式 IP 电话、客房送餐电子点菜单、客房影院系统等。有的凭其品牌知名度，有的凭其位于独特地址，有的凭其形式和功能，还有的是凭其独到服务、室内装饰或设施，它们总能以某一项或几项有特色引领行业。

对消费者而言，之所以选择精品酒店，并不是为了来单纯住宿和就餐，兴趣在于享受其情调、其精美、其建筑、其室内设计。

（6）经营专业运作

精品酒店采用"资源外包"策略，即专门从事与自身能力相匹配的业务。尽可能以"外包"形式剥离非关键的生产经营环节，让有限的资源用于客房上，将客房收入作为酒店利润最主要的来源。

3.3 精于经营与管理

3.3.1 精品酒店的三种常见形态

同为精品酒店，但存在形态是不一样的，有大型连锁酒店，也有独立存在的单体酒店。从国内外多种酒店类型来看，可以总结出精品酒店常见的有三种形态，如图 3-2 所示。

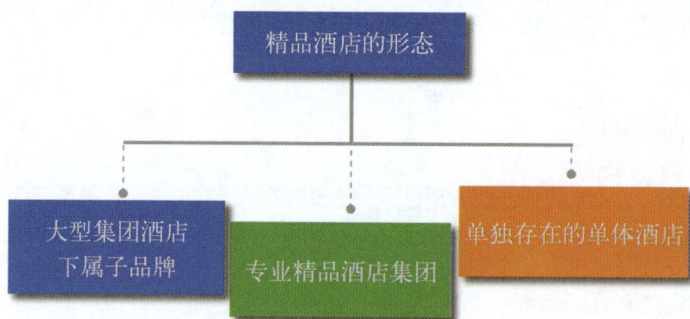

图 3-2　精品酒店常见的三种形态

特色酒店经营管理
赋予文化＋品牌联动＋精细管理＋社交营销

（1）大型集团酒店下属子品牌

有一类精品酒店隶属于大型的集团性酒店，是其旗下系列酒店品牌之一，如喜达屋酒店与度假村国际集团的 W 酒店、洲际集团的 Indigo 酒店。虽然这类酒店因规模较大而被质疑不是纯粹意义上的精品酒店，但从市场定位、经营理念、精品酒店特质上看，与精品酒店十分吻合。

案例 1

W 酒店创立于 1998 年，其第一家店位于纽约，其后迅速扩张，在全球掀起了一股风潮。定位年轻、时尚、潮流，强调产品形式与内容的个性发挥。在内部布局、设计上也打破了传统的功能，不仅追求简约时尚的审美艺术，还融入反传统的优质服务理念，是对以往大众化酒店的颠覆。

W 酒店大堂被设计成如同家居客厅，客人休息区设计在大堂的正中间，让客人一到了那里就感觉像到朋友家里做客。红白相间的客房色彩、宽敞的圆形大床、球形的太空椅，所有设计都充满了艺术与时尚的气息。

（2）专业精品酒店集团

专业精品酒店集团是指专门从事精品酒店产品开发、经营与管理的集团性企业，最具代表性的是新加坡悦榕度假酒店、安缦（AMAN）度假酒店、吉合睦（GHM）酒店。

案例 2

安缦（AMAN）集团是一家小众高奢华、追求特质的精品酒店集团，1988 年，由荷兰裔印尼人阿德里安·纪卡（Adrian Zecha）创立，第一家店在普吉岛，后来逐步遍及东南亚国家，如柬埔寨、印度、印度尼西亚、菲律宾等地，现在法国、美国、摩洛哥也有其踪迹。酒店个个迷你精致，或融入自然风光或置身历史遗迹，选址非常独到不凡，设计充满地方文化元素。

（3）单独存在的单体酒店

从全球看，依靠集团化运作的精品酒店品牌发展优势明显，占据着越来越大的市场份额。然而，如果说满足功能性消费的酒店通过复制更趋向形成产业集中模式的话，那么，迎合个性化消费的精品酒店的价值，就是为了满足人们追求独特、与众不同的个性体验需求。从这个意义上说，精品酒店存在着差异化发展的巨大空间。

所以，点缀在城市、景区群落中的形形色色的精品酒店应运而生。虽然在大众视野中没有得到充分关注，但因为其极富创意与个性，让钟情于此的消费者津津乐道。如上海的新天地88城市精品酒店、北京的"摩登四合院"、浙江湖州异国风情味十足的哥伦波太湖城堡、杭州的富春山居等都独具特色。

3.3.2　形成特色经营的三种打法

国内精品酒店，是基于酒店行业快速发展大背景发展起来的，符合中国特有的消费文化和需求，同时，也与国际酒店市场密切相关。所以，在经营管理上要中西兼顾，通过取其精华来提升自身核心竞争力，形成独具特色的品牌形象力和持久生命力。

精品酒店目前最主流的经营模式有三种，分别如下。

（1）个性服务＋精细管理＝精品酒店核心竞争力

精品酒店的核心竞争力主要体现在个性化服务和精细化管理上，二者是相辅相成、不可分割的整体。个性化服务让客人难以忘怀、印象深刻，别人无法复制，它是由多种元素共同构成的。

充满艺术氛围、时尚格调的酒店室内装修在悠悠的音乐的烘托下，营造出客人享受服务的环境；酒店服务人员彬彬有礼的言行举止以及得体的装束给客人留下亲切印象的同时，增进了客人与服务人员之间的沟通和互动；富有创意的专门服务，总能给客人带来无穷的惊喜。

精细化管理则是提供个性化服务的有力保障，通过服务流程的精细化，不仅能够为客人提供无微不至的服务，还能够发现客人的潜在需求，制造更多的惊喜。精品酒店的精细化管理可以从酒店室内的整体设计延伸到每个饰物的摆放，从服务流程的分工规范延伸到满足每位客人的个性需求。

（2）精品设施＋特色文化＝精品酒店品牌形象力

品牌形象是一个多元化的综合表现，它既可以是一种区分的标志，也可以是承诺、保障和契约，还可以成为有效沟通的代码，而精品酒店的品牌形象更多的是客人群体身份的一种象征，代表了客人群体的价值诉求。

精品酒店主要通过酒店产品服务和酒店文化来体现自己独特的品牌形象，在酒店大堂设计、客房布置、特色餐饮、个性服务等方面都可以注入时尚元素，使酒店独具特色；精品酒店的文化底蕴可以通过酒店名称、建筑、产品、服务、地域文化，或传统老店传承的经营管理模式等要素表现出来，也可以集多个要素于一体，让客人入住酒店就能够感受到强烈的尊贵感或情趣感。客人感觉的过程就是对酒店品牌形象认知的过程，以及进一步的认同和肯定的过程。

（3）"专精"营销 + 忠诚客人 = 精品酒店持久生命力

酒店经营管理的持久生命力主要表现为可持续性盈利能力，其根本在于一个忠诚的客人群体。精品酒店的经营规模通常不大，其满足的客人数量占整个市场的份额也相对较小，但酒店的获利能力却很高。

因此，大多数精品酒店在营销投入上非常有限，主要通过"一对一"客人关系营销，通过客人关系来拓展客源市场，通过不断提高客人满意度，形成酒店良好口碑。

3.4　内在与外在：和谐交融，缔造完美体验

精品酒店必须同时精于内在与外在，让内在价值观和文化与外在的环境、建筑等有机交融，保持和谐统一。只有这样，才能让客人更好地感受酒店文化魅力，享受酒店服务的独特之处。

3.4.1　沉淀人文精神：让住客感受心灵的触摸

精品酒店的内在表现在人文精神层面，精品酒店不仅要提供优质的住宿体验，更要研究透人文精神。主动融入当地文化，将当地的历史、民俗、艺术等元素融入酒店中去，为客人提供独特的文化体验。

下面是关于如何打造人文精品酒店的建议。

（1）营造人文氛围

在精品酒店中营造一种人文氛围，让客人在舒适的环境中感受到文化的气息。例如，可以举办文化活动、艺术展览等，吸引客人的参与，增加互动性。

（2）弘扬文化特色

酒店可以通过装修设计、文化活动等方式，弘扬当地的文化特色，让客人更好地了解当地的历史和文化。

（3）培养员工的人文素养

酒店的员工是直接与客人接触的人员，他们的态度和素养直接影响客人的体验。因此，培养员工的人文素养，让他们对当地文化和酒店品牌有深入的了解和认识，是打造精深人文的精品酒店的重要一环。

（4）注重细节

精品酒店要在细节上下足功夫，从客房布置、服务态度到餐饮体验等方面都要体现精致和品质。这不仅能让客人感受到酒店的用心，还能提升酒店的整体形象。

（5）创新设计

在精品酒店的设计上，要注重创新和个性化。通过独特的设计理念和风格，将酒店打造成具有独特魅力的空间，给客人留下深刻的印象。

（6）与当地社区合作

与当地社区合作，让客人更好地了解当地的文化和生活方式。例如，可以组织客人参观当地的历史遗迹、民俗村等，增加互动性和参与感。

通过以上几点建议，相信可以帮助打造一家具备人文精神的精品酒店，让客人在旅途中感受到当地文化的魅力，给客人留下难忘的回忆。

3.4.2 沉淀人文精神：让住客感受心灵的触摸

在酒店设计中，环境起到了至关重要的作用。秉持"以环境为中心"的生态建筑思想，环境在为客人创造舒适、优美的入住体验的同时，应最大限度地减少污染，改善生态环境。

酒店的环境要根据植物特点和实际情况进行艺术布局，充分发挥植物环境作用。同时利用现代化的控光、空调、通风等设施，实行集约化的养护管理，满足室内植物环境材料本身对环境条件的要求，实现科学性与艺术性的统一。

酒店要营造雅致的环境，可以从以下几个方面入手。

（1）整体设计

酒店的整体设计要与外环境相协调，比如，简洁、大方，以淡雅的色调为主，可以运用一些中国传统文化元素，如中国画、书法、茶艺等，营造出雅致的文化氛围。

（2）绿化和景观

在酒店室内和室外空间适当布置一些绿植和景观，可以增加雅致感。绿植可以选择一些寓意吉祥、姿态优美的植物，如竹子、兰花等；景观则可以运用一些山水元素，如假山、水景等。

（3）空气质量

良好的空气质量是营造雅致环境的必要条件。酒店要保证室内空气的清新和流通，可以采用空气净化设备或绿植来提高室内空气质量。

（4）声音环境

酒店要控制室内的噪声和声音质量，避免过度的噪声干扰客人休息。同时，可以播放一些轻柔、舒缓的音乐来营造宁静、雅致的环境。

（5）清洁卫生

酒店的清洁卫生是营造雅致环境的基础。酒店要保证房间、公共区域等地方的卫生质量，同时也要注意清洁用品的环保和质量。

（6）细节处理

酒店的细节处理能够体现品质和用心。从床铺的舒适度、洗浴用品的质量到窗帘的质地等方面都要注意细节处理，以提高客人的满意度和舒适度。

（7）服务态度和质量

酒店的服务质量对于营造雅致的环境也至关重要。员工要具备良好的服务态度和礼仪，对待客人的需求要及时响应并解决。同时，酒店可以提供一些特色服务，如茶艺表演、古筝演奏等，以提升客人的体验感。

总之，酒店要营造雅致的环境需要从多个方面入手，提供特色的服务和舒适的住宿体验。只有这样，才能让客人感受到宁静、舒适和愉悦的氛围，提高酒店的市场竞争力和品牌形象。

3.4.3　建筑细节精益求精：每一处都彰显匠心独运

建筑是酒店主要组成部分，而建筑又是一门需要精细考虑和精湛技艺的艺术，其魅力在于它能够将实用性和审美性完美地结合在一起。在建筑中，每一个细节都至关重要，它们不仅关系到建筑的结构安全，还影响着建筑的整体美观和舒适度。

以中国古代建筑为例，其特有的斗拱结构不仅起到了承重的作用，还通过精心的设计和搭配，赋予了建筑独特的韵律和美感。同时，挂落、悬鱼、吻兽等装饰性构件也为建筑增添了丰富的层次和精致的细节，使得建筑在坚固与美观之间取得了完美的平衡。

而在现代酒店的建筑中，对细节的关注同样不可或缺。从材料的选择、色彩的搭配，到空间的布局、光线的利用，每一个环节都需要经过深思熟虑和精确计算。只有这样，才能创造出既舒适又美观的现代建筑。

总之，无论是古代建筑还是现代建筑，国内建筑还是国外建筑，细节都是其不可或缺的一部分。只有深入关注和精心打造每一个细节，才能创造出真正意义上的精美建筑。

案例 3

吉合睦（GHM）酒店集团是一家独特的精品酒店，成立于 1992 年。打造了许多世界级精品奢华酒店与度假村。秉持"A Style to Remember"及标志性的亚洲风格现代设计理念，植根于每一家酒店所在地区的历史和传统，并融合及尊重当地环境。其分布在东南亚许多国家的海边或度假胜地，如巴厘岛、清迈、普吉岛、兰卡威、会安。同时，在阿曼、美国迈阿密、意大利米兰也有分店。

其旗下每家酒店都具有独创性。比如，阿曼分店马斯喀特 Chedi 度假酒店，与所有吉合睦（GHM）旗下酒店一样，设计非常独特。酒店坐落于一个占地 8 万余平方米的花园绿洲之中，158 间阿曼式风格的客房与别墅错落有致，散落其中。建筑设计中也注入了当地特色，入口处大堂铺设宽大的阿拉伯地毯，悬挂有着阿拉伯传统的红白色、淡黄色的灯笼，仿照当地灌溉河渠设计的水道系统，曲水潺潺，流经一栋栋充满阿曼风情的白色套房。同时，每间套房都设有露台，可欣赏到阿曼海湾的醉人风光、哈迦山脉的巍峨雄姿。餐厅的设计也处处彰显着阿曼风格。

4

民宿：

聚焦特色，
尽享独特体验

民宿，是传统乡愁情感与现代乡土元素交融的产物，被誉为蕴含温情的居所和富有灵魂的生活方式。近年来，乡村旅游和城市近郊旅游逐渐受到大众的青睐，成为许多游客出行时的理想选择，这是传统城市酒店所难以比拟的。

有的地方民宿业很发达，有的地方则很难发展起来，原因就是民宿发展是有区域性的。受气候条件、地理条件、环境景观、地域文化、民风民俗等影响很大。根据这些影响元素，民宿一般有三大聚集地——乡村、经济强市、旅游型城市。相应地形成了三大民宿类型，即乡村民宿、经济强市民宿和景区依托型民宿。

4.1.1 乡村民宿：深挖乡村魅力，小镇风情独好

乡村民宿，作为民宿产业的重要构成部分，其吸引力源自乡村生活的宁静与安逸。这种对城市居民而言极具魅力的生活方式，加之乡村旅游的迅速崛起，为那些深植乡村的创业者提供了无限的商机。他们巧妙地将农村生活、农业体验与住宿服务相融合，为到访的游客提供全方位的吃住体验，并引导他们亲身参与农家活动，享受悠闲自在的乡村生活。

因此，乡村民宿应运而生。它是以乡村为背景，为游客提供住宿服务的特色民宿。与传统的酒店相比，乡村民宿更具个性化，通常由个人或家庭经营，规模较小，多数由自家农房或农舍改造而成。此外，乡村民宿还结合当地美食文化，为游客提供与大自然亲近、体验乡村生活的独特服务。

因此，乡村民宿一般具有 5 个特点，具体如表 4-1 所列。

表 4-1　乡村民宿的 5 个特点

特点	具体内容
家庭式服务	乡村民宿通常以家庭经营为主，提供友好而个性化的服务。主人往往热情好客，愿意与客人分享他们的生活经验和当地的故事，为客人提供家一般的温暖感受
农家美食	乡村民宿通常提供农家自制的美食，以当地新鲜食材为主，为客人提供健康、可口的餐饮体验。有些民宿还让客人参与农家菜的制作过程，让他们更深入地了解当地的文化
舒适简约	装饰风格通常简约而舒适，同时融入一些当地的民俗元素。客人可以在客房内享受舒适的住宿，并体验到乡村生活的独特魅力

特点	具体内容
自然环境	乡村民宿通常坐落在宁静的乡村环境中，远离城市的喧嚣和拥挤，客人可以欣赏到美丽的田园风光、呼吸清新的空气和享受宁静的农村生活
文化体验	乡村民宿有很强的文化特性，一般是与当地的风俗、习惯相结合，让客人观察或参与农民的日常生活活动，如农作物种植、动物饲养、农业采摘等，增进对当地生活方式的了解

乡村民宿不仅仅是一个住宿场所，更是一种生活方式的表达，为客人提供一种远离城市喧嚣、亲近自然、体验生活的独特感受。它们以自然环境、文化体验、家庭式服务、舒适与简约的特点吸引着寻求放松和接触自然的旅行者。同时，也吸引着无数民宿经营者、创业者。接下来分析一下乡村民宿创业机遇和发展空间（具体策略、方法会在接下来的章节详细讲解）。

任何行业要想有所发展，必须要有市场需求的助推。乡村民宿有巨大的市场需求，主要有以下两个原因。

❶ 乡村旅游市场潜力巨大，自然风光、历史遗迹、特色景点、乡味野趣等，都为乡村打造体验式民宿提供了诸多可能，成为吸引城市游客的主要因素。

❷ 大众在旅游出行上的消费风向发生了转变。这部分人对旅游地的选择慢慢趋于理性，不再热衷于闹市中各个景点打卡式旅游，而是转向乡村深度体验式旅游。

所以，经营乡村民宿是有市场需求、客人需求的，那些空气、水质等自然环境独特、景色宜人、区域文化较有特色、交通较便利的乡村，均具备经营基础。与此同时，这样的乡村目前大量存在，而且开发程度非常低，所以，未来乡村民宿市场发展前景广阔。

另外，对于乡村创业很多地方扶持力度非常大，包括资金、政策、地方产业转型升级等诸多因素，这些都有利于有想法的人深入乡村创业。就目前而言，国策有乡村振兴、全面脱贫等，不少乡村能享受到精准扶贫的政策。还有很多地方出台的政策，一些区域被列为全域旅游示范区，政府也非常积极地研究旅游经济的发展方向，这对于民宿行业的发展有极大推动作用。

4.1.2 经济强市民宿：设施齐全，品质与享受并重

民宿不仅仅被乡村、小镇独享，一些经济发达的大城市也有很多城市民宿。这

类城市民宿更具有多样性，比如，栖旅民宿、短租公寓、文创风 Loft（高挑开敞户型的公寓），它们以独特"居家"体验，颇受客人青睐。

> **案例 1**
>
> 北京什刹海紫檀文化主题酒店原名福禄四合院宾馆，由清朝康熙年间辅政大臣索尼私宅改建而成，是 2017 年"猫途鹰旅行者之选"酒店。酒店在四合院原有的格局上进行修葺，共开辟出了 10 间套房，客房内均配有以紫檀木、金丝楠木等珍贵实木为主的古典中式风格家具。
>
> 推开酒店大门，一面上书"戬穀"二字的石墙映入眼帘，"戬穀"有避邪驱恶、祈求福禄平安之寓意，与古老的建筑相映成趣。整座四合院覆盖了一层高透光的玻璃封顶，在不影响院内正常采光的同时，将雨雪雷暴和高温日晒等极端天气隔绝在外，让整座院子都有室内一般的恒温舒适，同时也保护了客房内外珍贵的紫檀木料。

与乡村民宿不同，经济强市民宿是在城市繁华区或闹市中经营的一种形式。与乡村民宿相比，最大特点是地理位置优越，设施和服务更好，可以提供性价比更高的住宿体验。经济强市民宿的特点如表 4-2 所列。

表 4-2　经济强市民宿的特点

特点	具体内容
地理位置优越	经济强市民宿位于经济强市中心或旅游景点附近，方便客人游览和探索周边地区。客人可以更轻松地接触到当地的文化、历史和美食
设施与服务齐全	尽管经济强市民宿规模较小，但它们仍然提供一系列基本设施和服务，如舒适的床上用品、Wi-Fi、私人浴室等。一些民宿还可提供早餐或其他额外的服务，以提升客人的舒适度
个性化程度高	经济强市民宿具有独特的设计和装饰风格，突出个性和品位。每个房间可能拥有不同的设计主题，并注重细节和舒适性。这使得经济强市民宿与标准化的酒店有所区别，为客人提供独特的入住体验
有家庭的温馨氛围	经济强市民宿往往由主人亲自接待客人，并提供友好和亲切的服务。客人可以感受到温馨的家庭氛围，与主人交流、分享旅行经验，获得更多的本地建议和信息

特点	具体内容
社交性和互动性强	经济强市民宿有时会组织社交活动，如城市导览、当地文化体验、烹饪等，为客人提供结识其他旅行者以及和主人进行交流的机会。这对于那些希望结交新朋友、分享旅行故事的旅行者来说特别有吸引力

经济强市民宿提供了与乡村民宿不同的住宿体验。它们以个性化的设计、优越的地理位置、温馨的家庭氛围和各种设施与服务吸引着旅行者。对于那些希望在城市中心感受当地文化，与当地人互动并享受个性化服务的人来说，经济强市民宿是一个不错的选择。

那么，处于闹市区的民宿与乡村民宿相比，经营上有如图 4-1 所示的 4 个优势。

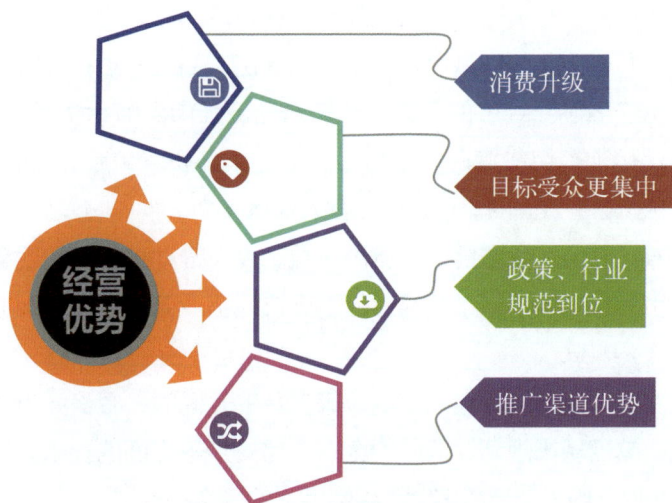

图 4-1　经济强市民宿的经营优势

（1）消费升级

民宿最初定位是乡村或城市周边，后来由于消费升级才出现了经济强市民宿。乡村民宿和经济强市民宿可以看作是民宿行业的两个发展阶段，两者虽然是并存状态，但从总体来看，前者在弱化，后者在强化。种种迹象表明，民宿正在从"粗放的农家乐"经营模式向"城市化的精品"模式转变。

这种转变本质上是消费升级的必然产物，越来越多的消费者倾向于选择管理精细化、服务规范化的经济强市民宿。在未来，建于乡村的民宿，即使选址仍在乡村，但在经营理念、经营方式上也要向经济强市民宿那样的精细化管理转变。

（2）目标受众更集中

经济强市民宿的目标受众更集中，近一半为1990年后出生的一代人。民宿行业一项数据报告显示，在民宿的用户画像中，95后占比最高，为29.4%，00后为10.8%，这都表明年轻一代是民宿消费的主力军。

现在的年轻人喜欢游乐园、漫展、剧本杀、密室逃脱等新兴、个性化的娱乐方式。在经济强市，这些多元化娱乐方式发展更成熟、更完善，往往可以吸引更多的年轻人。

（3）政策、行业规范到位

与乡村民宿一样，经济强市民宿也是政策扶持的对象，它属于共享住宿、共享出行等新业态。而这一业态也激活了城市短租经济。当前，短租经济在全世界范围内备受欢迎，出于鼓励新经济的考虑，政府对经济强市民宿给予了多方面的支持。一方面，积极优化规范民宿管理，提高经营者的服务质量；另一方面，加强消防、环境卫生、公共安全等方面的监管，确保客人住宿安全。

另外，政府鼓励经济强市民宿与旅游产业融合，推动地方特色民宿建设，提升城市旅游的吸引力和竞争力。希望通过经济强市民宿业务的发展，促进就业增长和经济发展。

总之，经济强市民宿业在我国是受政策支持的，同时，经济强市民宿业要遵守相关法律法规，包括城市规划、消防安全、食品安全等方面的要求。经营者应该遵守相关法规，在提高服务质量的同时，保障客人的安全和权益。

（4）推广渠道优势

经济强市民宿推广渠道一般分线上渠道、线下渠道，尤其是线下渠道相当有优势。城市在硬件配备上比乡村完善很多，线下推广媒介更多样化，触及范围更广，维护也相对容易。比如，地铁广告、城市公交广告，具有很强的流动性，是城市民宿最不可或缺的推广渠道之一。但在乡村，这些资源就相对匮乏。

除了线下渠道，线上渠道在同样场景下，也是城市有优势。众所周知，线上渠道基本是通过自媒体、新媒体及途家、木鸟、小猪、同程等在线旅游（OTA）平台进行投放。而网络平台也是有信息差的，同一信息，曝光度不同。

自媒体平台在信息的曝光度上有一种特殊计算法则，即与网友对该信息的打开率、点击率存在一定的正比关系。信息在人数较多的城市和人数较少的乡村，打开率、点击率是不一样的，因此，曝光的范围也有很大差别。这也使得经济强市民宿获得流量支持更大，无论淡旺季都能保证足够的客流量。

4.1.3　景区依托型民宿：旅游型城市的消费名片

前面讲到民宿很大程度上是依附于旅游资源的，因此，在一些旅游型城市，尽管经济发展比不上那些经济强市，但由于邻近丰富的旅游资源，也是民宿创业者不二选择之地。这也是近几年二三线景区依托型民宿发展如此迅速，已经成为引领民宿行业发展新引擎的原因之一。

景区依托型民宿与经济强市民宿虽然同属于城市民宿，但它们的发展路径不一样。前者是资源型的，严重依赖旅游资源，有极大不稳定性。比如，旅游旺季生意会异常火爆，而旅游淡季就面临着收入断档。而后者是资金型的，是基于经济发展快、流动人口多而存在的，稳定性更高，绝不会有淡旺季之分。

经营景区依托型民宿需要严格规划，制定一系列策略，如表4-3所列是一些常用策略。

表4-3　景区依托型民宿经营常用策略

策略	具体内容
建立地域性的个性化品牌	旅游型城市都有自己的城市名片，比如，西安的大唐不夜城、哈尔滨的冰雪大世界等。坐落于景区的民宿要基于城市名片确定风格、调性，打造一个高度匹配的品牌。比如，精心设计房间、装饰风格，起一个创意而有趣的名称，这都是打造个性化品牌的方法
与当地景点、相关单位、机构合作	要想体现旅游城市的特色，最直接的方法还是与当地旅游景点、旅游机构、餐厅等建立合作关系，互相推荐、相互优惠，这对游客是相当有吸引力的
提供卓越的客人服务	以客人为中心，提供卓越的服务是吸引和留住客人的关键。主人和员工应友好、乐于助人，并尽力满足客人的需求和期望。迅速回复预订和查询也是提供良好客人服务的重要方面
提供个性化的体验	为客人提供独特的体验，可以通过组织当地文化活动、城市导览、美食品尝或其他独特的旅游体验来实现。充分利用所在城市的景点、文化和特色，为客人打造与众不同的旅行记忆

策略	具体内容
避免盲目抬价	旅游景区的住宿常常会给人一种刻板印象，那就是价格非常贵，尤其是遇到旅游黄金周，这种情况更为普遍。民宿作为一种性价比更高的服务性行业，一定要避免利用旅游的便利条件肆意涨价，出现宰客的现象

以上策略可以帮助景区依托型民宿经营者打造一个更好的住宿空间，提供优质的住宿体验，吸引客人。然而，每个城市民宿都有其特殊性，也要根据实际情况进行个性化运作。

4.2 选址决定生死，影响民宿选址的主要因素

开民宿，选址非常重要，选址直接决定未来的发展。民宿选址需要考虑多个因素，包括市场成熟度、人流量大小、旅游资源情况、是否有文化支撑以及经营成本等。

4.2.1 市场成熟度

开设民宿时，对市场成熟度的深入考量至关重要。市场成熟度反映了特定地区或目标市场中民宿行业的发展状况、配套设施的完善程度以及竞争的激烈程度。在分析市场成熟度时，应避免简单地以高低来评判其优劣，因为高低成熟度各有其潜在的优势和潜在的风险，需以辩证的视角全面审视。

在成熟度较低的市场中，民宿行业可能尚未充分发展，竞争相对较小。这为开设民宿提供了更多的成功机会。然而，也需意识到潜在的风险，如需求不足和客流量稀少等问题。

相对而言，成熟度较高的市场通常意味着民宿行业已较为饱和。在这样的市场中，吸引顾客可能较为容易，但关键在于如何通过创新服务实现差异化竞争，从而在众多竞争者中脱颖而出。同时，高成熟度的市场也意味着众多竞争对手的存在，因此需要对竞争对手的定价策略、房间供应等情况有深入了解，以便制定出符合自身发展的策略。鉴于此，在分析市场成熟度时，可从如表4-4所列的4个方面进行综合分析。

表4-4 分析市场成熟度需要考虑的4个方面

项目	具体内容
供求情况	了解目标市场的民宿供求情况，包括已有的民宿数量、入住率、平均房价等数据。还可以通过互联网搜索、相关报告和统计数据等方式获取
客人需求	了解目标客人的需求和偏好。通过市场调研、客人反馈、社交媒体等渠道获得客人对民宿的期望和要求，以便提供符合市场需求的产品和服务
未来趋势	根据市场趋势、旅游业发展情况和相关数据，预测市场成熟度可能的变化。这样可以帮助制定长期经营策略，适应市场的动态变化
竞争态势	研究竞争对手的位置、房间类型、定价策略、服务特点等，了解他们的优势和劣势，找到自己的差异化竞争优势

可见，看市场成熟度不能绝对地说低还是高，最好的状态是业态互补。业态互补是指行业内部，不同行业之间要形成一个相互补充的机制，通过优势互补、资源共享，形成一条完整产业链。

案例2

某地区先后开了4家店，第一家店是加油站，第二家店是便利店，在加油站旁边，第三家店是小旅馆，第四家店是个酒吧。这样的市场就相对合理，大家既能赚到钱，还没有形成直接竞争，可以良性循环，相互促进。所以，开民宿也是同样的道理，最好做到资源互补，处理好与上下游产业的关系，从而实现共赢。

如果出现同业扎堆的情况，也要想办法做到差异化。比如，旅游景点周边有很多酒店、餐饮店，但是每家店必须有自己的特色。

比如，根据高、中、低不同档次的差异化经营原则，如果某旅游景点周边有度假酒店、房车营地、青年旅舍，那完全可以再开一家特色民宿。

如果已经有多家民宿，也可以在服务项目上进行区分。比如，有的主打农副产品种植采摘，有的主打民俗文化演出，有的主打特色餐饮。那可以主打配套旅游设备服务，如爬山设备、滑雪设备、潜水设备、出海设备、钓鱼设备、越野车等。

总之，民宿经营能达到什么高度，与当地市场成熟度，包括基础设施、周边配套、政府与民众意识息息相关，受制于当地经济发展程度。

4.2.2 人流量大小

在商业活动中，选址一般会考虑三"气"，即"人气、商气、财气"。"人气"即人流量，"商气"就是商业氛围，而"财气"即由人气与商气带来的财富效应。其中，"人气"是前提，"商气"是核心，"财气"是根本，一个赚钱的商铺，必须有大量的"人气"才能带动，"商气"激活了，"财气"才能聚集。

开民宿必须选择有"人气"的地方。人流量决定客流量，客流量大的地方通常意味着更多的潜在客人和更高的入住率，客人多了，入住率高了，公司的盈利能力自然会水涨船高。

客流量某种程度上就是订单量，客流量越大，订单量越多，在不受外部因素干涉的情形下，这个比例是成立的。然而，开民宿选址也不能简单地认为，人流量越大的地方，客流量就一定越大。它还会受 3 个因素的制约。

（1）需与求是否高度匹配

人流量大，无法转化为客流量，最根本原因是人流的需求与酒店提供的服务不匹配。不同群体有不同的偏好和需求，针对的人流必须与自己所提供的服务相匹配。

（2）人流的质量如何

开店在选择人流量大的同时，还要注意人流的质量。因为有些地方虽然人流大，但质量很差。所谓人流的质量，就是指这些经过店铺的潜在顾客的实际消费能力和购买意愿。一个繁华的地段，人流熙熙攘攘，但如果大多数人只是匆匆过客，缺乏购买力和购买意愿，那么这样的地段对于开店来说，可能并不是最理想的选择。

在选择开店地点时，除了考虑人流量的大小，更应该深入分析潜在顾客的消费能力和购买意愿。这需要对目标市场有深入了解和研究，包括消费者的年龄、性别、职业、收入等多个方面。只有综合考虑了这些因素，才能选出真正适合开店的地点，从而实现最大的商业价值。

（3）投产比能否达到最高

开民宿选址是每个创业者都面临的重要问题。人流量大的地方虽然能带来更多的潜在客人，但租金成本也相应较高。因此，在选择店铺位置时，创业者需要综合考虑人流量和成本之间的关系，找到最优的平衡点。

除了考虑租金成本，创业者还需要考虑其他因素，如民宿的装修、员工薪酬、运营成本等。这些成本都会直接影响到民宿的盈利情况。因此，在选择民宿位置时，创业者需要全面考虑各种因素，确保民宿能够长期稳定地经营下去。

当然，选址并不是唯一的决定因素。民宿的硬件质量、服务态度、营销策略等也是吸引客人的重要因素。如果民宿在这些方面做得不好，即使位于人流量大的地方也难以长期经营。

因此，创业者在选址时，需要综合考虑多种因素，做出明智的决策。只有在全面考虑各种因素的基础上，才能找到最适合自己民宿的位置，让民宿在激烈的市场竞争中脱颖而出。

4.2.3　旅游资源情况

旅游资源不是开民宿的必备条件，但不可否认的是，如果有了旅游资源的加持，发展势头必如虎添翼。尤其是一些乡村民宿，本就没有太大的竞争优势，对旅游资源的依赖性就更大了。自然与人文风貌充足、历史文化丰富、自然生态优美、产业多元且优质的乡村机会更多，最大限度地保证了对客人的吸引力。

案例 3

莫干山有很多知名民宿，在业内素有"全国民宿看莫干山"的说法，俨然是国内民宿行业的标杆。同时，在国际上也有较高知名度，《纽约时报》曾评选出全球最值得一去的 45 个地方，其中莫干山排在第 18 位；CNN（美国有线电视新闻网）将莫干山列为 15 个必须去的特色地方之一；G20 峰会期间，众多国外记者慕名而去，好好体验了一番莫干山民宿的魅力。

莫干山民宿为什么如此成功，原因就在于莫干山本身就是旅游景区（国家 AAAA 级旅游景区、国家级风景名胜区、国家森林公园）。莫干山为天目山余脉，山清水秀，自然风景独特，再加上江浙沪地区的江南文化、美丽富饶，足以吸引很多人。而且交通便利，地处沪、宁、杭金三角的中心，从周边主要城市平均 2 ~ 3 个小时的车程就能来到此地。

所以，民宿应充分考虑旅游资源的影响，旅游资源的多寡对民宿经营的影响如

图 4-2 所示，而且要善于从多个方面综合分析，旅游资源多寡对民宿发展有重要影响。丰富资源推动发展、提升盈利，并促进特色化服务，选择资源丰富地区发展民宿更加明智。

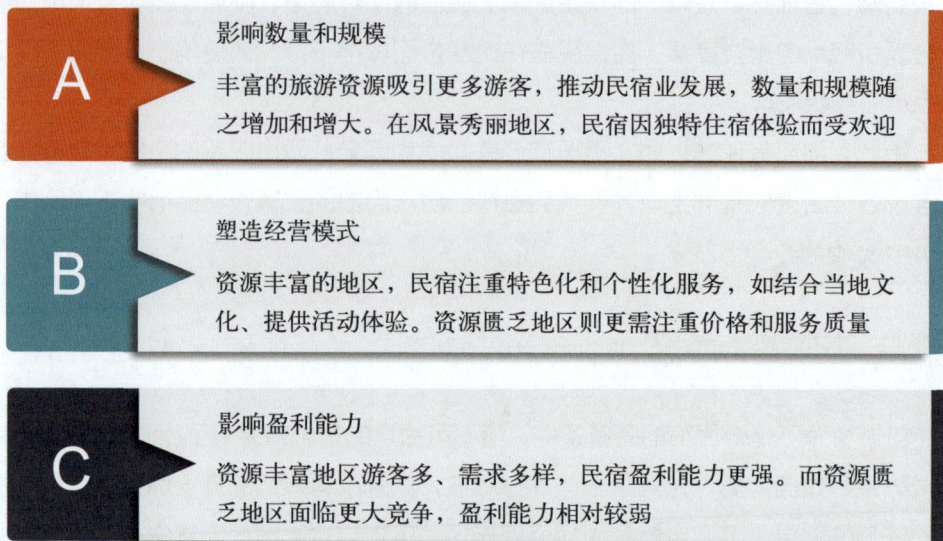

A 影响数量和规模
丰富的旅游资源吸引更多游客，推动民宿业发展，数量和规模随之增加和增大。在风景秀丽地区，民宿因独特住宿体验而受欢迎

B 塑造经营模式
资源丰富的地区，民宿注重特色化和个性化服务，如结合当地文化、提供活动体验。资源匮乏地区则更需注重价格和服务质量

C 影响盈利能力
资源丰富地区游客多、需求多样，民宿盈利能力更强。而资源匮乏地区面临更大竞争，盈利能力相对较弱

图 4-2　旅游资源的多寡对民宿经营的影响

不过，需要注意的是，开民宿可以以旅游资源为依托，但千万不能成为某一景区的"附属品"。大多数旅游景区的民宿现状是完全成为景区的附属品，依附于景区而生存，游客多客人则多，游客少客人则少。

景区型民宿要想持久发展，不受景区淡、旺季的影响，必须独立发展，有势借势，没势自己造势，做一家具有独特性、能独立发展的民宿。

4.2.4　是否有文化支撑

民宿属于文化生活和新社交方式的展示空间，而大部分人住民宿，也是为了体验独特的文化氛围，选择民宿的人大都具有较强的生活情趣及审美能力，通常比选择住传统酒店的人对酒店产品、服务要求更高。

因此，经营民宿要营造更多的人文氛围。文化的来源一般有两个途径：一个是在经营管理过程中，逐步形成的企业文化、团队文化等；另一个就是根据所处地域文化特色进行总结和提炼的文化，这部分仅限于有深厚文化底蕴的地区，经过经营者精心提炼，将其体现在民宿之中。在实践中，第二种文化较多，省时省力，成本低，见效快。

因此，民宿经营者在选址时，要选择如图 4-3 所示的 3 类地方，这 3 类地方文化氛围最浓厚，最独特。

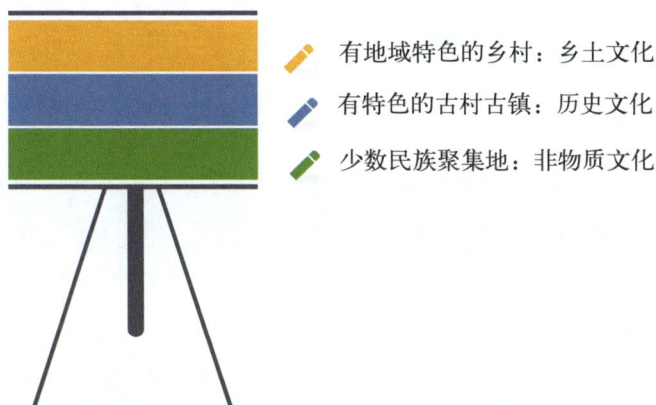

有地域特色的乡村：乡土文化

有特色的古村古镇：历史文化

少数民族聚集地：非物质文化

图 4-3　有浓厚文化氛围支撑的 3 类民宿选择地

（1）有地域特色的乡村：乡土文化

很多民宿是当地人将自家闲置的房屋进行改造而成的，建筑形态上基本保留了当地的原始风貌，目的就是打造地地道道的特色乡村体验，如夏令营、农林文化体验、手工艺、民俗、民风等。

除了对当地乡土文化的"原始搬运"外，还有一部分是经营者刻意设计的，是对当地文化的集中体现。比如，专业设计师、职业文创工作者改造或修建的精品民宿，它们的乡土文化带有点"现代乡土"味道，是对传统乡土文化的现代阐释。

在民宿经营者中，有很大一部分人属于外来投资者，或是与农村有特殊情缘的城市人，或是曾从农村走出去的返乡人士。他们大多已经有一定经济基础和社会阅历，来到乡下做民宿，多是出于对乡土生活的眷念，他们生活在城市，却心系农村，正如很多人所说，"我们离不开城市，又向往着乡村"。

这也是中国传统文化中农业社会的表现，人们根植于土地，也无法离开那片养育了自己的故土。

（2）有特色的古村古镇：历史文化

历史文化是人类在漫长的求生存、求发展过程中创造的优秀精神文明，民宿作为一种新型的文化传递形式，包含在运营过程中见证的生产、工艺和技术，包括建筑历史文化、饮食历史文化、服饰历史文化等。而这些都是历史文化的一部分，可以最大限度地体现当地地域特色及历史文化价值。

> **案例 4**
>
> 安徽黄山有一家徽商主题民宿，是通过改造古民居建筑而形成的，共 13 栋民居 42 间房。同时，赋予茶、盐、木、火、典等主题，形成一系列具有徽州儒商生活文化的集群。
>
> 茶、盐、木、典是古时徽商最具代表性的四大行业，同时结合徽州人的生活文化"火"，进行提取设计，通过细腻精巧、内秀不露形成了一家非常具有当地特色的民宿。例如，以"木"为主题的还淳堂，当年徽商的辉煌仿佛重现，处处透露着徽州文化，江南的底蕴，老街人家的烟火味儿，又伴着一些书香茶舍、咖香墨韵、徽式小厨的文艺小情调，让客人多了对隐居世外生活的些许向往。

民宿历史文化主要还体现在主体建筑上，在一定程度上也是保护与传承，能再次唤起对被历史湮没的以本土建筑、器物等为代表的物质文化的认同感与自豪感，同时，对日益衰退的历史文化具有一定的保护作用。

（3）少数民族聚集地：非物质文化

非物质文化是人类在生产、生活中传承下来的与人类密切相关的活态文化。非物质文化的传承一般是以口头讲述的方式或者亲身行为等动态的方式来表现。具体表现为生活方式、民俗风情、手工艺、音乐、舞蹈等，而这些在少数民宿聚集地表现得尤为突出。

> **案例 5**
>
> 大理沙溪古镇的石龙村利用村里人人会唱白曲、打霸王鞭及全村为白族文化村等优势，结合旅游打造了石龙生态鱼庄。以吃原生态本地鱼、听地道白曲为主，并以其他文化体验项目为辅，为游客展示白族文化，让远道而来的客人感受到一种浓厚的民族文化氛围。

特色酒店经营管理
赋予文化＋品牌联动＋精细管理＋社交营销

民宿不是"标准化"产品，它拥有无限的魅力，深深地刻上了个性化烙印。在这个变革的时代，民宿已经成为时代的文化符号。然而，民宿经营者需要注意的是，商业布局、运营技巧可以快速做出来，甚至可以复制别人的成功经验，但文化快不了，它是一个积累、沉淀和打磨的过程。

4.2.5　经营成本

经营成本也是影响民宿选址的一个重要因素。经营者在考虑开办民宿时，需要全面评估各类经营成本，以确保维持可持续发展并获得利润。

如图 4-4 所示是一些可能影响到经营的成本，在实际选址中应该全面考虑，充分预估。

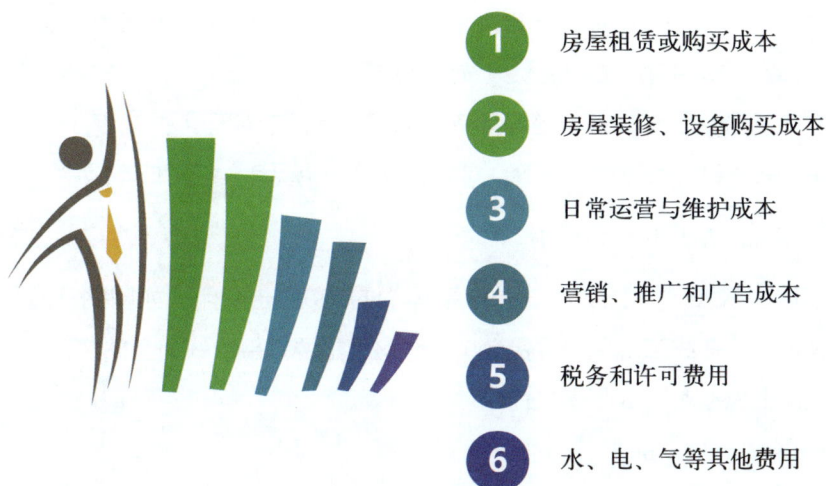

1　房屋租赁或购买成本

2　房屋装修、设备购买成本

3　日常运营与维护成本

4　营销、推广和广告成本

5　税务和许可费用

6　水、电、气等其他费用

图 4-4　可能影响到民宿经营的 6 项成本支出

（1）房屋租赁或购买成本

如果是自有房源，比如自家老宅、在运营的旧客栈、闲置房屋等，房源成本几乎为零，投入一些证照办理资金即可。

如果自己没有合适的房屋，可能需要支付一笔租赁或购买房屋的费用。这是所有成本中占比最大的一个，通常要占到 40% 左右，直接决定着未来的收益。所以，经营者要清晰地了解当地房屋租赁或购买的价格。

（2）房屋装修、设备购买成本

民宿不同于传统酒店，"颜值"很重要，大多数客人评价民宿的第一要素就是装修如何、基本设施如何，所以，要想自己在同行中能够脱颖而出，装修和设施配备是重头戏。由于民宿的档次不一，所以预算也相差较大，一般可根据规模来计算，如建筑面积及单位面积的预算。

然后，根据自身定位和目标客人需求购买必要的设备、家具。在这方面没有太统一的规定，也没有标准可供参考。比如，造景使用的山石，是附近的野山石还是采买。再比如，浴室使用 5 星标准洗漱用品还是普通用品，这都需要根据具体规划进行估算。

（3）日常运营与维护成本

日常运营与维护成本包括日常运营所需的成本，如清洁人员工资、前台人员工资、维修和维护费用、床上用品及其洗涤费用等。

如果无法亲自管理民宿，还需要支付因雇佣专门的管理人员或专业运营公司的管理费用，如预订、客服、营销等。这些管理费用也要计入经营成本之中。

（4）营销、推广和广告成本

为了吸引客人，需要投入一定的营销、推广和广告费用。如网站开发与维护、社交媒体推广、在线旅游平台付费推广等。这里主要是平台的佣金抽成，一般来说，这个要控制在总投入的 10% 左右。

（5）税务和许可费用

根据所在地的法规和税务要求，需要支付相关税费。

（6）水、电、气等其他费用

包括水、电、气、网络、电话等费用。对于这部分费用，需要准确估计每个月的实际使用量，并与供应商协商费用。

另外，在评估经营成本时，务必考虑到整体波动可能带来的费用增加，可以参考当地民宿行业平均运营成本，以做出更准确的预算和财务规划。再者就是，采取有效措施对经营成本进行控制和优化，如节约能源、合理使用设备、寻求供应商折扣和协商费用等。目的就是降低经营成本，提升酒店产出比。

4.3　管理与营销：民宿运营之道，巧妙运筹帷幄

民宿的成功不仅取决于选址、装修和服务，还需要有效的运营策略。比如，建立完善的管理制度，包括财务管理、人员管理、物资管理等，是民宿顺畅运行的保证。再比如，合理的人员配置和培训、科学合理的营销工作等，都是展示特色和优势、吸引潜在客人的关键。

4.3.1　情怀牌：每家特色民宿都有一段动人的故事

民宿是一种服务行业，除了最标准、最贴心的服务，讲故事也是一大亮点。尤其是在这个情怀至上的时代，比起"纸上谈兵"式的说情怀，讲故事更有力量，更容易打动人。

没有故事的民宿是没有灵魂的，纵观那些特色民宿，背后都有一个有趣的故事。那么，如何讲好故事呢？如图 4-5 所示是一些常用做法。

发掘自己的故事

强调地方特色

故事化房间设计

图 4-5　民宿讲好故事的做法

（1）发掘自己的故事

每家民宿都有自己独特的历史、文化和背景，挖掘这些元素背后的故事，并将其融入运营实践中，可以迅速拉开自己与其他竞争对手的距离。

> **案例 6**
>
> 在浙江舟山，一位年轻人在海边景区附近开设了一家独具特色的民宿。他曾在上海、杭州等地做生意，思维比较开阔，善于创新，做得非常有特色，特色之处是结合了自己的海钓爱好。
>
> 他是一位海钓爱好者，因技术不错在圈内小有知名度。一次，他灵感突现，想到了民宿创业。于是，他放下外地的生意回到家乡做民宿。民宿位于海边，虽起初布置简单，但其独特的海钓主题却吸引了大量游客驻足，他们在欣赏海景、品尝海鲜的同时，也能分享和交流海钓技术。这位年轻人的创业故事，不仅展现了他的创新思维和独特视角，也为当地的旅游业注入了新的活力。

上述案例中的这位创业者表面上是在经营一家民宿，实际上就是在讲述自己的故事。舟山大部分民宿都是渔民转产或转业自发形成的，几乎清一色的海边农家乐。但这种模式，无论服务，还是产品都有些单一，所以淡旺季非常明显。而这位小伙子的民宿没有受到常规思维束缚，凭借着挖掘渔业以外的故事找到了一条创新发展之路。

（2）强调地方特色

如果民宿位于一个特定的地区或社区，强调地方特色，讲好地方故事，则更有利于吸引客人。例如，可以提供当地食材的特色早餐、展示当地的艺术作品、组织当地的特色活动等。

> **案例 7**
>
> 有一位女士，在老家的海边经营着一家叫"英子的海"的民宿。装修基本保持了海边风景的原始样貌，房间里有从附近山上淘来的植物，以及画着渔民画的瓦片等。让人感悟最深的是，每次有客人来，她总会一次次讲解小乌石塘（当地景区）的"乌石文化"，而这也成了她这个民宿的特色。有很多客人慕名而来，就是为了听她的"乌石文化"故事。

（3）故事化房间设计

通过为每个房间设计独特的主题和故事情境，可以为客人提供更加丰富的体验。考虑使用特殊的装饰元素、命名房间并给它们起故事背景，以及提供与主题相关的附加服务。

有一家叫"过云山居"的民宿，因隐匿于云雾缭绕的大山之巅而得名。站在这家民宿，抬眼就能看到层层叠叠的云。据联合创始人李某说，他们这里只有 8 个房间，命名也很有趣，而且十分简单，分别叫壹朵、贰朵、叁朵……与眼前的场景十分匹配，仿佛在讲述云朵的故事。就这样一家简单的民宿，成为当地网红民宿，从开业的第一天，就有蜂拥而至的客人。

讲好故事可以成为民宿经营的一项重要策略。在现代旅游业中，旅行者越来越注重体验和情感共鸣，通过讲述独特而有吸引力的故事，可以吸引更多的客人，并让他们与你的民宿建立情感联系。

然而，讲好故事是一个持续的过程，需要不断地寻找和发展你的民宿的独特性和吸引力。通过将故事与真实的用户体验相结合，可以打造一个令人难忘的品牌，并在竞争激烈的市场中脱颖而出。

4.3.2 独立思想：民宿也要有自己的独特魅力

做一家具有独立思想，能独立发展的民宿，不仅仅意味着提供一个简单的住宿场所，更是一种生活态度和文化追求的体现。这样的民宿不仅具备舒适的住宿环境，还蕴含了丰富的文化内涵和独特的艺术风格。

那么，如何做一家具有独立思想，能独立发展的民宿呢？可以从如图 4-6 所示的个性打造空间延伸、品牌塑造、内容呈现等多方面做改变。

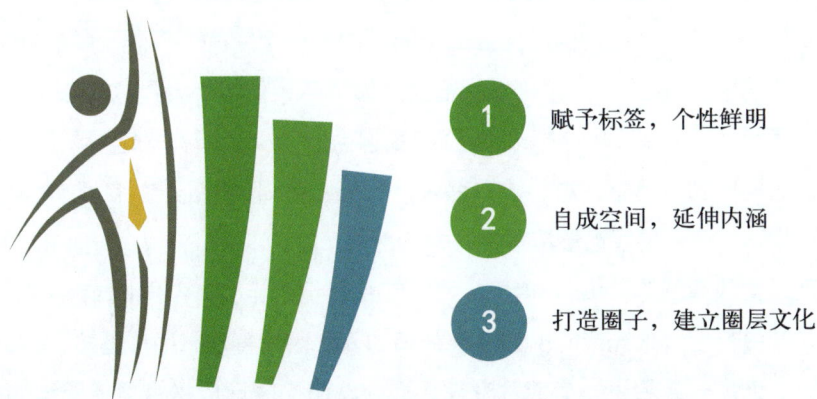

1 赋予标签，个性鲜明

2 自成空间，延伸内涵

3 打造圈子，建立圈层文化

图 4-6 打造具有独立思想自在民宿的 3 种做法

（1）赋予标签，个性鲜明

标签化是一个老生常谈的问题，将某人或某物定型或者归入某一类，就是标签化。民宿标签化，一方面可以提升酒店辨识度，便于游客识记，另一方面是酒店可以自始至终认清自己的目标，未来走向何方，如何确定属于自己的客群等。

那么，民宿通常有哪些标签可贴呢？通常有 3 种类型，分别为个人标签、主题标签和品牌标签，具体内容如表 4-5 所列。

表 4-5　给民宿贴标签的 3 种标签类型

做法	具体内容
个人标签	是对个人经营者而言的，用以彰显经营者的个人魅力。放大经营者的个性特征并形成标记，大力推广裂变传播。100 个民宿经营者，就会有 100 个经营想法。服务不差，人也很好，客人会因欣赏一个人而喜欢他的民宿
主题标签	是展现民宿的特色和亮点，比如，建筑形态可以成为无声的艺术展现，服务内容也能成为生动的仪式演绎主题定向客群，服务留下客人，吸引眼球和目光的，就是那让人欲罢不能的"主题念头"
品牌标签	主要是指文化的体现，文化是民宿品牌的核心，当文化浓缩为一个印记、一个符号并深入人心的时候，品牌就浮现出来。深厚文化的浓缩，良好形象的坚持，品牌就成为一种公信力

（2）自成空间，延伸内涵

很多民宿都有独立的院子，但由于只是满足基本的住宿功能，所以，往往是无论怎么下功夫，都无法跳出景区的羁绊。破局的策略是增加服务内容，打造生活场景，不断延伸内涵，让民宿自成独立的空间。而且这个空间不仅限于"景观"取胜，还可以用"情感""情怀"连接。做民宿就是做情感、做情怀，是为了表达"生活不止眼前的苟且，还有诗和远方"的格调和梦想。所以，经营者一定要将民宿功能从基本的住宿延伸到对情感、对心灵的追求，从居住空间延伸出广大的情怀，如怡情、回归、寻梦等，这才是民宿最具有生命力的部分。

民宿是安放情感的"巢"，情感、情怀维系着不同年龄、不同地域和不同经历阅历的人，聚合有相似眼光或能引起情感共鸣的人。因为喜欢，所以留念；因为挂怀，所以寻觅。大家一起聚聚，交流，交往，交心，交换肆意放松被世俗羁绊的灵魂和身体，让生命的光亮停留在精彩瞬间。

（3）打造圈子，建立圈层文化

民宿不仅是酒店经营的一种形式，更是承载和展现"圈层文化"的重要平台。有效经营圈层，是确保民宿稳定运营的关键，这样能够降低外界因素对民宿经营的干扰。深入观察成功的民宿案例，可以发现一个显著特点：随机到访的游客比例极低，多数客人来源于各种社交圈子，如朋友圈、社交圈和商务圈等。

在当前的社交环境中，朋友圈具有巨大的影响力。人们热衷于在朋友圈分享自己的体验，如入住的民宿建筑艺术精湛或民宿的生活气息令人难忘等。这些分享自然会引起朋友们的关注，进而转化为消费动力。因此，优质的社交圈子对于民宿的经营至关重要。

此外，民宿正逐渐成为创新和创意的孵化地，吸引商界精英人士聚集。他们在此进行行业聚会、同业交流、异业沟通和合作洽谈等活动。这不仅形成了独特的商业圈，还满足了他们对品质和品位的追求。在这样的环境中，民宿提供的不仅是住宿服务，更是一种生活态度和文化体验。

因此，民宿经营者应当重视圈层的构建和文化的培育。通过打造具有吸引力的圈子，不仅能够促进交流和交易，还能为客人提供舒适的生活体验。这样的民宿自然能够稳固其市场地位，赢得持久的发展。

4.3.3 小而美：打造个性化品牌，展现独特风采

在酒店行业，一提到品牌很多人会想到星级酒店或大型连锁酒店，却忽略了民宿也可以做品牌。民宿虽然很小，但也要有自己的品牌。品牌是一种无形的资产，是民宿价值理念的体现，是得以长期发展的重要依托，更是开拓、占领和扩大市场的一个关键因素。

那么，经营者如何打造自己的民宿品牌呢？接下来，先看看品牌的组成元素。通常而言，品牌包括名称、标志、内涵3大元素。所以，民宿经营者在打造自己的品牌时，可以按照如图4-7所示的3个要素去做。

（1）品牌名称

品牌名称是品牌最显性元素，通常是指品牌中可以用语言表达的部分，包括文字、数字。这些通常是消费者对品牌进行识别的基本标准。比如，我们对一个民宿产生第一印象，最先看到或记住的一定是其名称。

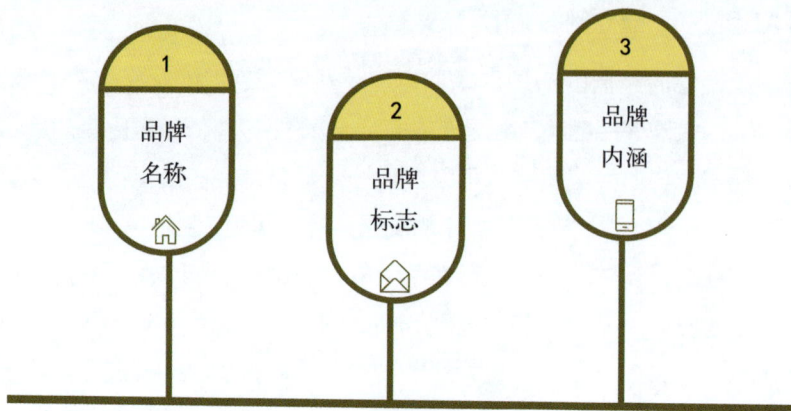

图 4-7　民宿品牌的 3 个要素

例如松赞，一听名称就是关于藏族文化主题的，同时还能想到松赞干布和文成公主的故事；再如，过云山居，从名字就可以看得出是自然风景主题的，给人一种宁静和静谧的向往。还有宛若故里、桃花壹号等，都是非常有诗情画意的名字。

名称的重要性不言而喻，但在取名的时候不能过于在乎表面意思，更重要的是向客人表明一个态度，表达一个主张，让客人在听到之后，不仅仅能获取一定的信息，还有别样的感受，这种感受往往是最容易打动人心的。

（2）品牌标志

品牌标志又称"品标"，是指可以被认出、易于记忆但不能用语言表述的部分，通常包括符号、图案、色彩等。它相当于一种"视觉语言"，通过明确的图案、颜色来向消费者传输某种信息，以达到识别品牌、促进销售的目的。

品牌标志具有强化品牌认知、引发品牌联想和引导消费者品牌偏好的作用，进而影响品牌体现的品质与客人对品牌的忠诚度。因此，做民宿一定要做好品牌标志，除了遵守最基本的平面设计和创意要求外，还要兼顾营销因素、消费者的认知与情感心理等因素。

（3）品牌内涵

品牌名称、品牌标志都是品牌的外在表现，强调品牌是一种有形物，即一种产品、服务或商标。而一个品牌不仅仅是停留在表面认知上，还应包括更深层次的内涵，包括传递的理念、核心价值、文化、内容、形象以及公众对品牌的感受。

以上代表着品牌的三个不同层次，不同层次决定着客人对民宿品牌的认知。换句话说，这是消费者在看到品牌后的内心感触和联想。

品牌的三个层次依次如下：

第一个层次，联想到笼统的概念。比如，上面提到的松赞，一提这个名字大家想不到太多的什么，只有松赞干布这个人。

案例 9

松赞由央视纪录片导演白玛多吉创立。作为一名藏族人，白玛多吉一直坚持不懈地致力于将松赞品牌打造成为传承藏族地区风景、文化和精神资源的载体。各个店客房数量 9 至 22 间不等，均坐落在多民族融合的村落和山谷中。秀美的自然风光、丰富的历史和独特的文化是松赞落户这些地方的原因所在。

第二个层次，联想到具体的性能。比如，民宿原舍，提到这个名字大多数人会想到"原汁原味"，而这正是该民宿想表达的理念：原色乡土，原本生活。类似的还有山里寒舍、宛若故里等。

案例 10

原舍是民宿领域中的佼佼者，独树一帜地开启了村落生态圈的构建之旅。其深远影响不仅局限于单一民宿，更是激发了整个区域的民宿产业的繁荣与发展。在乡村旅游的版图中，原舍的存在成了一个风向标，引领着周边民宿、人群和生活方式的趋同与提升。

原舍的创始人朱胜萱，具有前瞻性的视野和开创精神。他在风景秀丽的莫干山上，开启了原舍的第一篇章——原舍·望山。这个项目是在浙江省德清县庾村废弃的溪北小学基础上，经过精心改造而建成的。自 2013 年试营业以来，原舍·望山凭借其独特魅力和高品质服务，逐渐在旅游市场中崭露头角。2014年 1 月，它正式对外营业，标志着原舍品牌的正式确立。

自 2015 年 5 月起，原舍团队凭借其独特的眼光和敏锐的市场洞察力，相继签约了全国 10 个衰落中的空心村落。这些村落经过原舍团队的精心打造，焕发出新的生机与活力。目前，原舍已经发展成为拥有多家连锁店的民宿品牌，成为推动乡村旅游发展的一股重要力量。

第三个层次，是指潜意识。这个潜意识并不是所有人都能体会到，需要从专业的角度来理解品牌，比如，品牌定位？客人如何理解品牌的价值？与消费者建立的沟通是否通畅，并且最终如何打动消费者？

> **案例 11**
>
> 　　阳光纳里是一家专注于别致院落式客栈打造的民宿，其品质卓越，备受认可。阳光纳里旗下囊括了多个风格独特、各具特色的院落，包括"水灵居""雅苑""和家院""清客居""别苑""清迈店""贤林客栈"等。
>
> 　　值得一提的是，阳光纳里的创始人曾参与投资玉龙雪山高尔夫球场，因此阳光纳里的主要客人群体以高尔夫领域的爱好者为主。为了满足这些尊贵客人的需求，阳光纳里提供吃、住、行以及高尔夫球场预订的全方位个性化私人定制服务。

4.3.4　民宿管家：扮演好"万能角色"

　　民宿管家是随着民宿业的发展而出现的一个新型职业，主要是满足民宿专业管理和运营服务，满足游客个性化需求。该职业在民宿管理中已经存在多年，但职责范围一直很模糊，基本是应民宿管理实际需求去做。

　　直到 2022 年民宿管家才被正式列入人社部公布的最新的 18 个新职业之一。官方对其定义是提供客人住宿、餐饮及当地自然环境、文化与生活方式体验等定制化服务的人员。

　　民宿管家身兼数职，其中包括但不限于策划及组织各类以当地自然人文环境为背景的体验活动，休闲与娱乐项目，以及推广和销售民宿的各项服务。他们还需详尽地向客人介绍民宿的各项服务项目和设施，同时协调并指导员工提供包括接待、住宿、餐饮及活动在内的全方位服务。

　　在接待过程中，民宿管家需积极与客人沟通，深入理解并满足客人的个性化服务需求，精心策划并制定符合客人期望的服务项目和方案。他们还需对服务项目的质量进行严格把控，并及时妥善处理客人的任何诉求，以确保民宿始终维持高水平的服务质量。

　　2023 年 9 月 1 日，人社部《民宿管家国家职业标准（征求意见稿）》将民宿管家国家职业进一步规范，其技能分为如图 4-8 所示的 5 个级别。

图4-8 民宿管家的五个职业技能等级

每一个等级都需要符合特定的条件才能申报。

❶ 具备如表4-6所列条件之一者，可申报五级／初级。

表4-6 五级／初级民宿管家申报条件

条件	内容
1	年满16周岁，拟从事本职业或相关职业工作
2	年满16周岁，从事本职业或相关职业工作

❷ 具备如表4-7所列条件之一者，可申报四级／中级。

表4-7 四级／中级民宿管家申报条件

条件	内容
1	累计从事本职业或相关职业工作满5年
2	取得本职业或相关职业五级／初级工职业资格（职业技能等级）证书后，累计从事本职业或相关职业工作满3年
3	取得本专业或相关专业的技工院校或中等（含）以上职业院校、专科及以上普通高等学校毕业证书（含在读应届毕业生）

❸ 具备如表 4-8 所列条件之一者，可申报三级／高级工。

表 4-8　三级／高级民宿管家申报条件

条件	内容
1	累计从事本职业或相关职业工作满 10 年
2	取得本职业或相关职业四级／中级工职业资格（职业技能等级）证书后，累计从事本职业或相关职业工作满 4 年
3	取得符合专业对应关系的初级职称（专业技术人员职业资格）后，累计从事本职业或相关职业工作满 1 年
4	取得本专业或相关专业的高级技工学校、技师学院毕业证书（含在读应届毕业生）
5	取得本职业或相关职业四级／中级工职业资格（职业技能等级）证书，并取得高等职业学校、专科及以上普通高等学校本专业或相关专业毕业证书（含在读应届毕业生）
6	取得经评估论证的高等职业学校、专科及以上普通高等学校本专业或相关专业毕业证书（含在读应届毕业生）

表中第 3 项条件中的"相关职业"具体包括：

a. 相关职业：前厅服务员、客房服务员、旅店服务员、中式烹调师、中式面点师、西式烹调师、西式面点师、餐厅服务员、营养配餐员、茶艺师、咖啡师、调饮师、客人服务管理员、导游、旅游咨询员、公共游览场所服务员、休闲农业服务员、景区运营管理师、保洁员、洗衣师、讲解员、研学旅行指导师、森林园林康养师等。

b. 技工学校本专业或相关专业：烹饪、饭店（酒店）服务、导游、商务礼仪服务、物业管理、家政服务、会展服务与管理、茶艺、酒店管理、旅游服务与管理、休闲服务与管理等。

c. 职业学校本专业或相关专业：休闲农业经营与管理、森林生态旅游与康养、物业管理、旅游管理、导游、定制旅行管理与服务、研学旅行管理与服务、葡萄酒文化与营销、茶艺与茶文化、会展策划与管理、休闲服务与管理、休闲体育服务与管理、烹饪工艺与营养、中西面点工艺、西式烹饪工艺、营养配餐、休闲体育、家政服务与管理、康养休闲旅游服务、观光农业、茶艺、茶文化、森林生态旅游、现代物业管理、涉外旅游、旅游英语、酒店管理、历史文化旅游、旅游服务与管理、旅游规划与设计。

❹ 具备如表 4-9 所列条件之一者，可申报二级／技师。

表 4-9　二级／技师民宿管家申报条件

条件	内容
1	取得本职业或相关职业三级／高级工职业资格（职业技能等级）证书后，累计从事本职业或相关职业工作满 5 年
2	取得符合专业对应关系的初级职称（专业技术人员职业资格）后，累计从事本职业或相关职业工作满 5 年，并在取得本职业或相关职业三级／高级工职业资格（职业技能等级）证书后，从事本职业或相关职业工作满 1 年
3	取得符合专业对应关系的中级职称（专业技术人员职业资格）后，累计从事本职业或相关职业工作满 1 年
4	取得本职业或相关职业三级／高级工职业资格（职业技能等级）证书的高级技工学校、技师学院毕业生，累计从事本职业或相关职业工作满 2 年
5	取得本职业或相关职业三级／高级工职业资格（职业技能等级）证书满 2 年的技师学院预备技师班、技师班学生

❺ 具备如表 4-10 所列条件之一者，可申报一级／高级技师。

表 4-10　一级／高级技师民宿管家申报条件

条件	内容
1	取得本职业或相关职业二级／技师职业资格（职业技能等级）证书后，累计从事本职业或相关职业工作满 5 年
2	取得符合专业对应关系的中级职称后，累计从事本职业或相关职业工作满 5 年，并在取得本职业或相关职业二级／技师职业资格（职业技能等级）证书后，从事本职业或相关职业工作满 1 年
3	取得符合专业对应关系的高级职称（专业技术人员职业资格）后，累计从事本职业或相关职业工作满 1 年

4.4　民宿经营者容易步入的误区

民宿行业有这样一条规律：一等民宿经营；二等民宿转让；三等民宿倒闭。如果在运营过程中，触碰到任何一个雷区，基本都会造成很严重的后果。无论媒体人、酒店经营管理者，还是爱好者，投身民宿行业以后基本上难免陷入一些误区。

4.4.1 规模误区：效益随规模扩大而倍增

曾有一个农庄老板最初拥有一家几间房的民宿，后生意火热，他便租他人的房子，将客房扩大至 100 间，并加大投资让民宿档次更为高级。结果常年平均入住率降至 20% 左右，由于投入与产出不成比例，老板的心态也差了，笑脸少了，生意反而没以前好了。

有很多经营者认为，民宿规模越大效益越好，其实并不是。民宿是一门小而精的产业，大规模、重投资需谨慎。一般来讲，拥有 9~15 间客房是一个最为合理的规模。

从投产比看，做得较好的民宿规模都在 9~15 间客房，入住率较高，能达到 50% 以上，经营效益也是最好的。

从政策扶持方面看，有些地方将 15 间客房以内的才称作民宿。比如浙江，当地政府在给民宿发放创业补贴时，会将 15 间客房作为一个标准，超过 15 间的不能享受政策扶持。

民宿提供的是一种极富人情味的生活体验，讲究的是小而精，盲目扩大规模不但会增加成本压力，还会因管理不够精细而降低体验水平。

目前，我国民宿平均入住率只有 30%，即便这个数字提升到 50%，根据正在经营的民宿规模情况来看，依靠住宿和餐饮依旧很难收回成本。所以，在决定投资民宿前，一定要问自己是否想好了盈利模式，做精管理，做精服务，如果希望依靠扩大规模维持盈利是不现实的。效益随规模扩大而倍增也许适合其他行业，但绝对不适合民宿。

4.4.2　设计误区：你认为的不一定是最好的

很多民宿经营者在经营过程中，还会陷入一个设计误区：完全按照自己的喜好来设计，甚至不惜大包大揽。认为自己喜欢的，消费者也会喜欢。这是陷入了以自我为中心的思维模式当中，忽视了用户思维。

因此，同质化现象十分严重，出现大量风格类似的民宿，导致民宿失去了特性和风格，因为大家都在相互模仿。

思维转变不过来，就无法做好民宿。现在很多乡村民宿也做得高大上，尤其室内环境和设备，与城市民宿一样。这与大量城市民宿经营者转移乡村有关，他们机械地将城市民宿的管理经验直接搬到了乡村民宿中，认为大多数城市游客来到乡村，就是消费。殊不知，消费者对城市、乡村的消费认知是完全不一样的，在城市追求物质消费，在乡村则以精神消费为主，放松心情，领略大自然的真善美。

因此，千万不可主观认为对于民宿的追求都是一样的，乡村民宿还要坚持原汁原味，装修设计可以不豪华。如果定位很高，那也要结合当地文化来做。设计就是民宿的一个名片，好的设计一定程度上就是好民宿的象征。

4.4.3　渠道误区：决定渠道的，并不仅仅是钱

钱花了不少，但收效却甚微，那可能是选错了渠道。互联网时代，最不缺的就是渠道。无论线下传统渠道，还是线上互联网渠道，都是非常有效的。但是在决定推广之前，一定要做好市场分析、调研。哪些平台、哪些渠道是适合民宿推广的，哪些是花了钱也不见得会有效果的，一定要做到心中有数。

在选择推广渠道上，经营者常常会陷入以下 4 个误区。

误区一：渠道单一。很多民宿经营者认为只需要在携程、去哪儿等在线旅游平台上发布信息就能吸引到足够的客源。然而，他们忽略了其他推广渠道，如社交媒体、线下活动、合作伙伴等。这些渠道可以带来更多的潜在客人，并提高品牌知名度。

误区二：忽视目标客人群体。不同的推广渠道适合不同的目标客人群体。例如，年轻人可能更喜欢在社交媒体上寻找民宿，而中年人可能更喜欢通过在线旅游平台预订。因此，民宿经营者需要了解自己的目标客人群体，并选择适合他们的推广渠道。

误区三：缺乏长期推广策略。很多民宿经营者只是偶尔进行推广活动，而不是制定长期的推广策略。这种做法很难在竞争激烈的市场中取得成功。民宿经营者需要制定长期的推广策略，并持续不断地进行推广活动，以提高品牌知名度和吸引更多的客源。

误区四：缺乏有效数据分析和评估。很多民宿经营者只是简单地发布信息，而不进行数据分析和评估。他们不知道哪些渠道最有效，哪些推广活动最受欢迎，哪些信息最能引起客人的兴趣。这种做法很难优化推广策略，提高推广效果。

为了避免这些误区，民宿经营者需要了解自己的目标客人群体，选择适合他们的推广渠道，制定长期的推广策略，并持续不断地进行推广活动。同时，他们还需

要进行有效的数据分析和评估，以优化推广策略，提高推广效果。

4.4.4 管理误区：民宿体量小，无须配备专业管理人员

很多民宿经营者认为，自己经营的只有十多间客房，完全没必要雇用专业的管理人员。而有的经营者为了节省成本，只雇一个民宿管家，导致旺季人手不够，客人入住体验较差。体量小而无须管理，其实这种认知是错误的。

民宿涉及很多管理工作，与正规的酒店管理类似或部分吻合。对于民宿来讲，配备一个有酒店管理背景的管理人员，能够较好地保证民宿的有序运转，增强客人的体验。而且民宿一般有小体量民宿和精品民宿之分，性质不同所需要的人手也不同，小体量民宿只需要管家就可以，而精品民宿则需要多名管理人员。

以10间以内的小体量民宿为例，标准的配置应该是这样的：全职管家1名；前台1名；保洁2～3名，淡季可以保留1名，轮流值班，旺季需要共同上岗；厨师1名，全职。以上是基本的配置，可以适用于很多同等规模的民宿。

如果是一些规模稍大的精品民宿，就需要配备更完善的管理人员，以确保日常运营和优质服务的提供。

❶ 员工管理。民宿通常需要雇用员工来提供服务，如前台接待、清洁、烹饪等。专业的管理人员可以确保员工的工作效率和工作质量，并提供培训和发展机会，以保持员工的积极性和忠诚度。

❷ 财务管理。民宿需要管理收入和支出，以确保盈利。专业的管理人员可以制定预算和计划，并监控财务状况，以确保民宿的财务稳定。

❸ 客人关系管理。民宿需要与客人建立良好的关系，以便客人愿意再次光顾。专业的管理人员可以了解客人的需求和偏好，并采取相应的措施来满足他们的期望。

❹ 营销和推广管理。民宿需要吸引客人并推广自己的服务。专业的管理人员可以制定营销策略，如社交媒体推广、广告投放等，以增加曝光度和吸引更多的客人。

❺ 设施维护与管理。民宿需要维护设施的清洁和安全，以确保客人的舒适和安全。专业的管理人员可以制定设施维护计划，并确保设施得到及时维修和保养。

因此，虽然民宿的体量可能相对较小，但是配备专业的管理人员仍然是非常重要的。这些管理人员可以确保民宿的运营顺畅，提供优质的服务，并增加客人的满意度和忠诚度。

特色酒店经营管理
赋予文化＋品牌联动＋精细管理＋社交营销

5

青年旅舍:

只有一张床，
但又不止一张床

只有一张床，但又不止一张床，是对青年旅舍的真实写照。这句看似有些矛盾的话，实际上表达的是青年旅舍运营的核心逻辑。对消费者而言是只有一张床，但对经营者而言又不能只是一张床。为了更好地吸引客人，留住客人，需要提供大大超出一张床的服务和体验。

青旅是青年旅舍（Youth Hostel）的简称，是为自助旅游者，特别是青年旅游者提供住宿服务的一种经营模式。最早的青年旅舍雏形于1909年在德国形成，是非营利性的，带有明显公益性、教育性。

当时一位叫查理德·希尔曼的教师常常带领他的学生或步行，或骑自行车漫游于多个乡间。时间一长，他萌生出一个为年轻学生提供思想交流和社交的场所，在政府的支持下青年旅舍诞生了，目的就是鼓励年轻人多从事户外活动，加强文化交流。

后来，青年旅舍发展得非常快，影响力逐渐波及世界各地。1932年，国际青年旅舍联盟（IYHF）在阿姆斯特丹成立，总部设于英国，致力于为全世界会员，特别是为青年和学生旅游者提供"安全、卫生、友善、舒适、经济、环保"的住宿服务，并成为联合国教科文组织的一员，世界旅游组织的成员。其理念是"通过旅舍服务，鼓励世界各国青少年，尤其是那些条件有限的青少年人，认识及关心大自然，发掘和欣赏世界各地的城市和乡村的文化价值，并提倡在不分种族、国籍、肤色、宗教、性别、阶级和政见的旅舍活动中促进世界青年间的相互了解，进而促进世界和平"。

经过近百年的发展，该联盟已成为全球最大的青年旅行服务连锁组织，其以小木屋、小杉树为组成元素的蓝三角标志，如图5-1所示。已成为知名品牌，在全世界青年人中享有极高的声誉。

图 5-1　国际青年旅舍联盟（IYHF）标志

青年旅舍的概念出现在中国是在 1998 年，率先由广东省旅游局引入。1999 年 9 月，中国第一家青年旅舍协会——广东省青年旅舍协会正式成立。同年 11 月，被国际青年旅舍联盟批准成为其会员。20 多年来，中国青年旅舍已经从无到有，遍布全国各主要城市，已在中国年轻人和旅游界中成为知名品牌，更为国外青年认识中国打开了一扇窗户，越来越多的外国青年来中国旅行，入住青年旅舍。

5.2 青年旅舍的经营特征

在大多数人眼中，青年旅舍就是"一张床"的事儿，它没有精品酒店、星级酒店那么正式。其实远非这样，青年旅舍是自助旅游者及背包族首选之地，有着自身特定的特征。与其他酒店最大的不同在于经营管理，其经营理念、标准是吸引客人的终极法宝。

5.2.1 青年旅舍最大优势：价格低

青年旅舍较之酒店、客栈等其他住宿，价格更加实惠，更适合学生、穷游族及预算有限的年轻人。这个优势使青年旅舍成为许多年轻人出行的首选住宿方式。

价格相对低是青年旅舍的最大优势，团体房的价格通常在几十元到几百元不等，具体价格因地区、设施、季节等因素而异，也会受定价策略、入住时间的影响。比如，在旅游旺季或热门城市，价格可能高，但由于会提供会员卡或优惠券等服务，因此价格也不会太高。

总之，青年旅舍的价格相对较低，是许多年轻人出行的住宿首选。

5.2.2 让团体房间成为特色

团体房间是青年旅舍的一个最显著特色，也是其他类型酒店不具备的。因此，对于经营者而言，要让团体房间成为吸引客人的特色，而不是诟病和不足。

好的团体房间对于体验青旅生活的年轻人而言，可谓是一个既省钱又有趣的选择。

（1）优势

青年旅舍团体房间具有很多优势。首先是经济实惠，团体房间的价格相对较低，适合预算有限的客人，尤其朋友、同学、同事等团队出行，更能享受实惠。其次是灵活性。许多青年旅舍不收取押金，可以按天支付房费，为客人提供了更大的灵活性。最后是交通便利。大部分青旅都位于市中心或近地铁口的位置，这对于那些希望在城市中探索或参加活动的客人来说是非常方便的。

（2）缺点

青年旅舍的团体房间也存在一些缺点。首先，团体房间是多人共享空间，因此私密性相对较差。其次，由于不同的人有不同的生活习惯和睡眠质量，可能会受到其他人的影响。最后，如果选择的青旅质量不高，可能会存在安全问题或卫生问题。

团体房间作为青年旅舍为年轻人提供的一种经济实惠且有趣的住宿体验，经营者需要努力去完善，利用有限的空间和资源创造无限的可能，以确保能够给客人以最佳的住宿体验。

那么，酒店经营者如何打造团体房间呢？包括空间大小、床铺数量和布局、储物设施、公共区域等。具体可以从如表5-1所列的几个方面入手。

表5-1　打造团体房间的方法

设计方法	具体内容
重点考虑空间布局	团体房的空间通常比较有限，因此需要合理安排床铺的位置和布局。可以考虑采用双层床铺或多层床铺的设计，以节省空间。同时，也需要考虑留出足够的地方供客人走动和活动
选用合适的床铺	根据客人的需求和人数，选择合适的床铺类型。例如，如果客人需要更好地休息，可以选择舒适的单人床；如果客人希望节省费用，可以选择多人共用的床铺
配备足够的储物设施	团体房通常需要容纳多个人的行李和物品，因此需要配备足够的储物设施。可以考虑在房间设置衣柜、鞋柜等储物设施，以方便客人储存物品
设立独立的公共区域	尽可能设置独立的公共区域，例如设立休息区、阅读区等。对于青旅而言，区域虽小，但可以大大增加客人之间的交流和互动。同时，也可以为客人提供更多的娱乐设施和服务，例如电视、电脑、Wi-Fi等
注重细节设计	团体房的设计需要注重细节处理，例如床铺的舒适度、照明的设计、插座的位置等。这些细节处理可以让客人更加舒适和方便地使用房间

总之，团体房的打造需要考虑多个因素，包括空间布局、床铺类型、储物设施、公共区域和细节处理等。只有综合考虑才能设计出舒适、实用、经济的团体房。

5.2.3 青年旅舍的其他优势

青年旅舍除了价格低廉之外，还有其他优势。比如，交通便利，设有独立的交谊厅、厨房等公共区域等。这些区域不仅为客人提供了一个舒适的休息和交流场所，还可以让他们结识新朋友。

（1）交通极其便利

青年旅舍通常都位于市中心或靠近公共交通站点，如地铁口、公交站等，因此交通十分便利。这使得客人可以更加轻松地前往其他地方，无论是探索城市景点、参加活动，还是前往工作或学习地点，都更加便捷。

选择交通便利的青年旅舍可以节省很多时间和精力，不必担心交通问题，可以更加专注于享受旅途和探索城市。

此外，青年旅舍的团体房间通常也设有交谊厅和厨房等公共区域，方便客人之间的交流和互动。

总之，选择交通便利的青年旅舍可以为客人提供一个既经济实惠又有趣的住宿体验。

（2）交谊厅：提供便捷的社交场所

在青年旅舍中，交谊厅通常是一个非常重要的社交场所。客人们可以在这里结识新朋友，交流旅行心得和经验，或者一起参加各种有趣的社交活动。

交谊厅的设计通常注重开放性和互动性。客人们可以在这里自由交流，分享彼此的旅行故事和经历。同时，交谊厅也可以为客人提供其他的便利设施，例如电脑、打印机、扫描仪等，方便客人查阅资料、打印文件或者制作旅行纪念品。

此外，青年旅舍还会在交谊厅中举办各种活动和游戏，例如狼人杀、桌游、烧烤聚会等，以增加客人之间的互动和交流。这些活动通常都是免费的，客人可以根据自己的兴趣和爱好选择参加。

（3）自助厨房：充分满足客人的味蕾

自助厨房是青年旅舍中一种非常实用的设施，可以为客人提供更加自由和个性化的餐饮体验。客人可以在这里自己烹饪食物，尝试不同的口味和文化，也可以与其他客人分享自己的烹饪技巧和美食心得。

自助厨房的设计通常注重实用性和便利性。客人可以在这里使用各种烹饪设备，例如炉灶、烤箱、微波炉、电饭煲等，以及各种餐具和调料，自己动手做出自己喜欢的食物。同时，青年旅舍也会提供一些基本的厨具和餐具，例如碗筷、锅具、刀具等，方便客人使用。

除了满足客人的味蕾之外，自助厨房也可以为客人提供其他的便利和服务。例如，客人可以在这里参加各种烹饪课程和活动，学习新的烹饪技巧和知识；也可以与其他客人一起参加各种美食聚会和活动，交流美食文化和经验。

（4）储存行李区：提供超额的行李存储服务

在青年旅舍中，储存行李区是一种非常重要的服务设施，为客人提供安全、方便的行李存储服务。

储存行李区通常设在旅舍的入口或前台附近，方便客人在入住或离开时存取行李。这些区域通常具有足够的空间，可以容纳客人的超额行李，同时也有专业的行李寄存服务，确保客人行李的安全、完整。

除了提供安全、方便的行李存储服务外，储存行李区还可以为客人提供其他的便利和服务。例如，客人可以在这里获得有关城市旅游和交通的信息和建议，也可以与其他客人交流旅行经验和心得。

5.3　青年旅舍，不止一张床的服务

青年旅舍虽然被称为是"只有一张床"的经营模式，但在具体操作上绝对不能只提供"一张床"的服务。而是注重细节，在细节上做到极致。比如，精致环境的打造、浓厚的社交氛围、独特的文化体验等，以弥补住宿空间狭小的不足。

5.3.1　注重文化体验

与精品酒店、大型酒店相比，青年旅舍最明显的特点是价格极其低廉。而除了价格之外，青年旅舍给人最大的印象是空间小，设备、设施简单。确实，类似于学

生寝室那样的上下铺，的确显得有些拥挤。但对于青年旅舍而言，最重要还是打造体验，作为经营者，千万不能把关注点只放在价格上。

青年旅舍不是经济型酒店，目的不是为客人提供酒店式的服务，而是给客人一种极致体验，尽管只有一张床和简单的配备，也要为客人营造一种流连忘返的吸引力。

如图 5-2 所示是一张青年旅舍的局部照片，虽然地方非常狭小，但主人的布置却很温馨。

图 5-2　青年旅舍局部照片

其实，在国内外这样的例子比比皆是，尤其是国外，将青年旅舍的体验做到了极致。

案例 1

英国有一家青年旅舍叫 Generator，它的出现改变了人们对青年旅舍的传统看法。这家旅舍价格便宜，可体验却堪比四星级酒店。大多数人想入住必须提前预约，否则根本没有机会。

该酒店公共客房最低只有 12 欧元，双人房也只有 80～120 欧元，要知道地处市中心，该房价不及相同位置三星或四星级商务酒店的 1/3。

同时，该酒店在体验上打造得非常极致。比如，在多人宿舍的布置、设计上就相当别致，每张床都有 USB 充电接口和储物箱，每个宿舍都有独立卫生间，如图 5-3 所示。

再比如，客房公共空间非常整洁，设有经典的皮质蝴蝶椅，还有文艺气息浓厚的土耳其地毯做成的公共沙发。楼顶也十分别致，是一

图 5-3　Generator 多人宿舍的布置

个私人屋顶酒吧，拥有雅致大方的家具、法式的花围栏，站在楼顶上就可以远眺巴黎的圣心教堂和蒙马特高地，如图5-4所示。

除此之外，还有咖啡馆、活动室等，在装修设计上也都体验感十足。

组成该酒店高体验的还有用社交媒体打造的服务。老板给员工制定的一条标准就是：员工必须玩转

图 5-4　Generator 公共区域的设计

Facebook 和 Instagram 这些社交媒体。很多公司利用社交工具是为了营销，但 Generator 是用这些工具做服务。因此，即使员工今天不上班，也能及时为客人答疑解难，极大增强了与客人的联系和增强了客人的忠诚度。

另外，该酒店还通过社交媒体告诉客人他们将来到的城市环境，随时更新城市发生的大大小小的事情，让人们更加了解这座城市，大大增加了客人对 Generator 的信任和好感。

所以，经营青年旅舍定位一定要明晰，不要只看其外在的价格，还要看其内在的体验。定位不明，在与竞争对手的竞争中只能无底线地打价格战，除了单纯地销售客房以外，毫无市场竞争力，甚至未来的发展方向也会出现错位，比如，与客栈、民宿、经济型酒店等相混淆。

经营者必须明确地知道做青年旅舍目的是什么，经营理念和标准是什么。

青年旅舍的经营目标是：鼓励关注自我成长、关注社会、关注自然；通过旅舍服务，促进青年间的文化交流；实践环保，履行对自然、对社区、对青年教育的社会责任。

经营理念和标准是：友善（welcome）、清洁（cleanness）、安全（safety）、隐私（privacy）、舒适（comfort）、环保（environmental）。

5.3.2　表现形式的多元化

青年旅舍表现形式要多元化，除了做位于大城市中心的现代旅舍外，还可以做富有传统民族特色的民俗体验旅舍，极具童话色彩的古堡旅舍，还有后现代风格的

Loft 旅舍等。现在国外的新型旅舍，虽然保留旅舍的"小"，但表现形式上已经有很大的创新。例如，航行百年的海船旅舍，还有海滨和山地的小木屋旅舍。

案例 2

海船旅舍（The Ship Hostel）位于新西兰奥克兰市，是一家拥有百年历史的旅舍。这家旅舍由一艘货船改造而成，具有独特的船舱住宿体验。

海船旅舍的住宿条件非常舒适，每个船舱都配有床铺、私人浴室、海景窗户和现代化设施。客人可以在这里享受高品质的住宿体验，同时感受到独特的船上氛围。

除了船舱住宿，海船旅舍还提供一系列的设施和服务，包括公共休息室、餐厅、免费 Wi-Fi 等。客人可以在这里与其他旅行者交流和分享旅行经历，同时也可以品尝到当地美食和饮品。百年的海船旅舍是一家非常值得尝试的住宿选择，在这里，客人可以享受高品质的住宿体验。

案例 3

在奥地利的山区，有一家别具一格的住宿场所——山地小木屋旅舍。这家旅舍位于海拔 1600 多米的山腰之上，背靠森林，面临山崖，让人仿佛置身于大自然之中。

山地小木屋旅舍的设计灵感源于奥地利传统的山居建筑，采用木材、石材等天然材料建成，与周围的环境完美融合。旅舍的每个房间都经过精心打造，舒适的床铺、温馨的浴室以及现代化的设施，都让旅客能够尽享高品质的住宿体验。

除了独特的住宿环境，山地小木屋旅舍还为旅客提供了各种丰富的户外活动。旅客可以在这里进行徒步、攀岩、滑雪等户外运动，感受大自然的魅力。此外，旅舍还设有温泉、桑拿等设施，让旅客在享受大自然的同时，也能放松身心。

山地小木屋旅舍是一个让人回归大自然的怀抱的住宿场所。在这里，旅客可以感受到大自然的魅力和奥地利山居建筑的独特韵味，尽享高品质的住宿体验。无论你是单独旅行还是与朋友一起，山地小木屋旅舍都将是理想之选。

随着旅游市场的繁荣和游客需求的多样化，青年旅舍也在不断寻求创新和变革。为了让年轻人在旅行途中找到更舒适的落脚点，许多青年旅舍在硬件设施和服务上不断推陈出新。旅舍的多元化形式，增强了旅舍的吸引力，带给了入住者丰富多彩的体验。

那么，旅社经营者如何实现多元化的发展呢？

（1）在硬件方面

不少青年旅舍纷纷增设独立卫生间、无线网络等现代化设施，为旅客打造更舒适、便捷的住宿环境。这些设施的升级让青年旅舍在竞争中更具优势，赢得了旅客的青睐。

（2）在服务方面

在服务上青年旅舍要力求创新。除了提供基本的住宿服务外，他们还为旅客准备了旅游攻略、包车服务、活动组织等增值服务。这些服务让旅客在旅行过程中能够更深入地了解当地文化和景点，同时也为旅舍带来更多的客源和收益。

（3）需求合作

此外，青年旅舍还尝试与当地社区合作，提供更具特色的住宿体验。例如，一些农村地区的青年旅舍携手当地农民，推出农家乐、农事体验等活动，让旅客有机会深入体验当地的风土人情。这种合作模式既丰富了青年旅舍的服务内容，又为当地社区带来了经济效益，实现双赢。

总之，青年旅舍的多元化发展是旅游业发展的必然趋势。通过不断创新和升级，青年旅舍不仅可以满足年轻旅客的基本住宿需求，还可以提供更多的特色服务和增值体验，从而吸引更多的消费者。

6

野奢酒店:

大自然的怀抱中
的奢华之梦

野奢酒店风靡世界，正是源于人们对旅行返璞归真的极致向往。野奢酒店（rustic luxury hotel）是以山野、乡野、郊野、田园等区域为背景，以乡土、原生态建筑为外观，内部豪华奢侈的酒店，是近年国际新兴的高端休闲旅游住宿方式。

"野"是野奢酒店的第一大特征，表现越"野"，越有吸引力，越能吸引客人。其"野"主要表现在两个方面：一个是选址"野"，多选山野、乡野、郊野、田园之地；二是建筑风格"野"，比如，设计风格粗犷、狂野。

6.1.1 选址：山野、乡野、郊野、田园

19 世纪中叶，西方国家就有人提出了人类与自然共处的野居生活理念。如今，观光旅游向深度旅游的转变，使得稀缺型景区的精品度假酒店的重要性日益突出，酒店能否满足人们对度假生活的高标准期待，也是人们对其满意度最重要的指标之一。

世界从来不缺自然的美景，也不缺奢华的酒店，当二者结合则成为稀缺资源，正是在此背景下，野奢酒店作为度假酒店的豪华升级版应运而生。

野奢酒店是市场细分下的一个新品类，是酒店市场细分化的结果。野奢酒店通过聚焦服务、拔高个性、提升体验，将环境的"野"与设施的"奢"完美融合，打造生态型住宿。

因此，大多野奢酒店给人的感觉都是位置特别偏，偏到与世隔绝，僻到荒无人烟，因为只有偏，才野味十足。世界上有很多野奢酒店，大都是因为特殊的选址而知名。

案例 1

Svart 360° 景观台酒店位于挪威北部，北极圈内，紧邻 Svartisen 冰川。作为全球首家 360° 观景酒店，它为游客提供了无与伦比的住宿体验。酒店的设计灵感源于其周围的壮丽自然景观，将建筑与环境和谐统一。在此，游客可饱览冰川的宏伟景色，领略大自然的雄浑与神秘。

Svart 360° 景观台酒店注重细节与舒适度。宽敞明亮的客房搭配落地窗设计，让游客能够尽情欣赏窗外美景。酒店设施完善，提供现代化便利设施与

贴心服务，使游客在欣赏美景的同时，亦能感受到家的温暖。

除了欣赏自然美景，游客还可在酒店周边参与丰富的户外活动，如徒步、滑雪、钓鱼等。酒店更设有专属观景台，为游客提供近距离欣赏冰川壮丽景色的机会。

Svart 360°景观台酒店将自然风光与现代设计完美融合，为游客带来了难忘的旅行体验。

案例 2

Sossusvlei Desert Lodge 酒店位于纳米布（Namib）沙漠的"心脏"地带——纳米比亚，为游客提供非凡的住宿体验。该酒店由 Fox Browne Creative 事务所倾力打造，以环保和舒适为核心理念，旨在为游客带来一次与众不同的沙漠之旅。

酒店四周环绕着壮丽的沙漠景观，为游客提供了一种身临其境的自然环境，使他们能够深度体验沙漠的神秘与魅力。酒店的每个房间都设计得宽敞舒适，配备了现代化的设施，以确保游客在住宿期间的舒适度和便利性。

除此之外，酒店还精心策划了多种活动，包括沙漠徒步、野生动物观赏以及骑骆驼等，使游客能够全方位地感受纳米布沙漠的壮丽与独特。总的来说，Sossusvlei Desert Lodge 酒店是一个独特的住宿选择，为游客带来一次难忘的纳米比亚沙漠之旅。

较之其他酒店，野奢酒店选址很特殊，一般都是最原始、最荒野的生态环境，偏向荒无人烟。只有原始生态环境，才会有波澜壮阔的自然风光。这种极具地域特色的野奢酒店最大的亮点就是独一无二的自然生态环境，无法复制的景观成了野奢酒店的最大特征。

野奢酒店选址，地理环境极为关键，好的选址就等于成功了一半。通过与当地生态环境的深度融合，打造野味十足的"帐篷"或"小屋"，以满足部分小众消费者对自然、奢侈的双重需求。

那么，具体应该如何选择呢？不同经营者对选址的看法不同，因此，在选择时考虑的细节也不同。但有 4 个原则是必须遵守的，具体如图 6-1 所示。

景色独特   远离城市   三通一平   政府支持

图6-1　野奢酒店选址原则

（1）景色独特

拥有独一无二的美景是野奢酒店的根本原则之一，选址时要充分考虑这一点。让酒店既具备观赏价值、游憩价值，也要保证安静和私密性。可以是山、云、海等自然风光，也可以是历史文化遗址、古镇等人文景观，无论是哪种景观都需要有一定的观赏价值才能吸引游人前来。

（2）远离城市

远离城市的清静的地方是人们选择度假的原因之一。因此，远离城市的乡村、海岛、荒漠等非常适合作为野奢酒店的选址。需要注意的是，这里的远离城市不是完全与城市脱离，而是与城市保持适当的距离，方便人们开车或搭乘公共交通工具到达。周边有大城市资源，或依托相对成熟的旅游环境，可以保证一定的市场基础。

（3）三通一平

"三通"是指水通、电通、道路通，"一平"是指场地平整，形态与结构保持完整。这是选址的基本要求，也是场地设施完备的基础，以便为游客提供更好的服务和体验。

（4）政府支持

在选好地址后，一定要向当地政府报备，符合政府的乡村振兴政策，拿下土地或政府扶持资金。同时，也能得到当地居民的支持，以降低开发难度。

6.1.2　建筑风格：与周围环境保持协调

野奢酒店是新一波追求舒适和奢侈的浪潮的开始，它将建筑和自然结合在一起，将荒野的魅力同特定的建筑结合在一起。如此反差的消费方式大大满足了当代人追求时尚、刺激、个性、私密空间的需求。

案例 3

隐北野奢酒店坐落于北京西达摩村，其建筑风格独特，充分体现了"野"之精髓。酒店建筑基于原始的宅基地进行精心规划与设计，为二层结构，依水而建。每间客房均享有山水的自然美景，实现了人与自然的和谐对话。其规划设计与周围村庄的形态相呼应，使建筑与场地文脉紧密相连，与村落及自然环境融为一体。

建筑整体形态错落有致，依山就势，融合了南北方民居的不同特点。值得一提的是，项目附近著名的爨底下民居聚落，作为典型的北方石砌民居，对酒店建筑产生了深远影响。因此，建筑底部的实体构造采用了砖石砌筑，而二层则借鉴了云南纳西族民居的木结构建筑灵感。这种跨时空的灵活组合，形成了新的复合型民居形态，展现了民居设计的多样性与创新性。

不同建构方式的运用为建筑的使用带来了诸多益处。底层的实体石材砌筑结构不仅有效阻隔潮气、稳固基础，还使建筑与场地环境和谐相融，赋予建筑生命感，充分体现了有机建筑的理念。建筑所采用的石材均来自场地周边的本地石材，施工也采用了本地石匠的手工砌筑技艺，使得建筑的地域特征和在场特点得以充分展现，与场地形成连续性的联系。

传统的坡屋顶设计呼应了传统的民居形态，使酒店整体呈现出低调沉稳的气质。二层建筑采用木结构，既轻便灵活，又营造了自然宜居的室内空间。木材与石材的结合使得建筑整体层次更加丰富，韵味十足。

那么，野奢酒店的建筑有哪些特点呢？主要有如图 6-2 所示的 3 个。

▲注重大尺度　　▲私密性好　　▲敞开式空间

图 6-2　野奢酒店的建筑特点

（1）注重大尺度

野奢酒店在建筑本身的空间布局上注重大尺度，与自然融合呼应，并且注重私密性，通过规划建筑的朝向、建筑的间距及建筑的形式等手法，使住客不能看到客房内部。让住在这里的客人可以非常放心地打开窗帘看风景，不用担心会有不速之客。

（2）私密性好

野奢酒店的建筑布局要考虑到私密性问题，宜采用小组团形式布局，小组团内建筑与建筑之间的距离不宜太小。例如，莫干山裸心谷度假酒店主要独栋客房间距为 6～15 米；安吉帐篷客度假酒店主要独栋帐篷客房间距为 12～18 米；三亚鸟巢度假酒店主要独栋客房间距为 8～20 米。

（3）敞开式空间

野奢酒店的客房内部空间上是敞开式的，一间客房一般在 60～90 平方米之间，大床、大洗手间及大浴池。在空间分配上会预留足够的空间做客厅，供人们休闲、享受。

在那里，可以坐下来喝杯茶，或者躺下来且听风吟，或者来场大自然瑜伽和SPA，或者闭上眼睛深呼吸，让人十足放松和惬意。

6.2 奢：远离尘嚣，为心灵打造的极致享受

野奢酒店打破了荒野之地物质匮乏的局限，即使荒无人烟，也要享受豪华服务。比如，空旷的草原、荒凉的沙漠里，可口的美食、热水卫浴，还有洞藏百年红酒的豪华酒吧、环境优雅的温泉、热闹的鸡尾酒会，以及幽静的办公环境和应有尽有的办公设施。

6.2.1 高配设施：打造奢华的服务

野奢酒店从字面上释义，"野"即自然，自然的魅力，"奢"即品质，比如，舒

适的体验、齐全的设施、殷勤的服务，即使人迹罕至，也要享受舒适自在的现代生活。

案例 4

丽江康藤·格拉丹帐篷营地坐落于壮丽的格拉丹草原之上，以其独特的高山草甸景观赢得了广大消费者的青睐。在这片无垠的草原上，几顶精心设计的帐篷点缀其中，为游客提供了与大自然亲密接触的机会。夜幕降临，纯净的天空成为繁星闪烁的舞台，让游客在 3600m 的高海拔处尽享视觉盛宴。在这片苍穹之下，繁星仿佛触手可及，让人沉醉于这自然的美景之中。

除了迷人的风景，丽江康藤·格拉丹帐篷营地还提供了奢华的服务体验。营地内设有书吧、酒吧等休闲娱乐设施，并实现了 Wi-Fi 全覆盖，以满足游客的多样化需求。此外，来自康藤农场的松茸火锅、烤肉以及高原土蜂蜜等本地特色美食也为游客带来了别样的味蕾享受。营地还提供了徒步观景、牧羊人高尔夫球、篝火晚会、越野等一系列特色体验活动，让游客在享受自然美景的同时，也能感受到别样的乐趣。

在客房方面，丽江康藤·格拉丹帐篷营地同样别具一格。营地共有 17 顶帐篷，其中包含 7 种不同面积（42m²、64m²、73m² 和 84m²）的客房，每间客房帐篷平均享有超过 8000m² 的私家草甸。客房内配备了舒适的卫浴设施、小冰箱、暖气、手机音响、电话、保险箱、吹风机、热水壶等现代化设施，确保游客在享受自然美景的同时，也能拥有舒适的居住体验。

值得一提的是，这些客房还具备抗风、抗雨、防雪、防噪声等功能，并配备了防紫外线双层玻璃，确保游客在任何天气条件下都能安心居住。此外，客房内部还融入了代表当地彝族起居文化的火塘元素和一个阳光休闲书房，让游客在感受当地文化的同时，也能享受一段宁静的阅读时光。

野奢酒店与其他酒店一样，可以提供一系列高端设施。比如，客房设施、餐饮设施、娱乐休闲设施等，具体如表 6-1 所列。以满足客人对奢华、舒适和便利的需求。但又具有其特殊性，不一定十分规范地按照传统酒店的要求去一一配备，完全是视情况而定，会因地理位置、品牌定位和客人特性而有所侧重。

表 6-1　野奢酒店需要配置的设施

设施类型	具体内容
客房设施	野奢酒店客房通常设计精美，提供豪华的床上用品、高品质家具、现代化的科技设施等。客房内可能配备私人休息区、工作区、浴室、阳台等
餐饮设施	野奢酒店通常拥有多个餐厅和酒吧，提供精致的美食和美酒。餐厅可提供各类菜肴，包括本地特色菜、国际美食和特色主题餐饮
SPA 和健身设施	野奢酒店通常会配备高级 SPA 中心和健身房，以提供全面的身心健康服务。SPA 中心可能提供各种按摩、护理和美容疗程，健身房可能配备先进的健身设备和私人教练
会议和活动设施	野奢酒店可提供宽敞的会议和活动设施，包括会议厅、宴会厅、多功能厅等。这些设施通常拥有现代化的音响设备、投影仪、会议设备等，能够满足各类商务和社交活动的需求
水疗设施	一些野奢酒店可能还配备室内或室外游泳池、热水浴池、桑拿房等水疗设施，让客人可以尽情放松和享受水疗
娱乐设施	野奢酒店可提供各种娱乐设施，包括高尔夫球场、网球场、卡拉 OK 室、电影院、儿童游乐区等，以满足不同年龄段客人的娱乐需求
其他服务设施	除了上述设施，野奢酒店可能还提供其他服务设施，如豪华轿车接送服务、24 小时客房服务、行李存放、洗衣服务、保险箱等

需要注意的是，以上设施配置只适用于通用情况，具体的还需要根据酒店经营目标、客人需求进行调整。例如，一些帐篷野奢酒店就不需要太复杂的配置，只要与帐篷这种特殊的客房匹配即可。这类酒店位置特殊，需要配有特定的地台或者观景台，既可以供客人看风景，也可以作为酒店地板。而考虑到不同地域气候差异，通常按需配备空调或地暖、暖炉等控温设备。

另外，野奢酒店通常需要配置特殊设施，这些设施正是充分凸显酒店独特性的重要部分。比如，芬兰的一家野奢酒店——欧雯慕岚酒店，该酒店建在山崖上，海拔 3300 米，它最吸引人的地方是配备了无边界泳池，泳池边上就是云海，随手拍一张照片都仙气十足。酒店只设置了三种房间，都是搭建的小木屋，分别为观山、瞻星和听云，由于功能定位不同所以朝向不同。

6.2.2 专业管理：给客人以极致的体验

野奢酒店虽然以"野"著称，地处荒凉之地，但在具体运营、管理上却不能粗放。相反，要十分精细化、专业化。很多野奢酒店的运营管理，不输豪华星级酒店。纵观世界上那些顶级野奢酒店，正是专业级管理才成就了极致体验。

案例 5

坦桑尼亚有一家顶级野奢酒店，叫 Faru Faru 营地。这家酒店被岩石和金合欢树林包围，能俯瞰格鲁米提河。格鲁米提河位于塞伦盖蒂境内，是非洲动物大迁徙必经的河流之一。客人坐在酒店的大阳台前、泳池旁都可以观看壮观的动物大迁徙，鳄鱼和角马、斑马的殊死搏斗。由于河道较窄很容易拍出大片。同时，也可以看日落，这不是普通的日落，而是塞伦盖蒂的日落。

为了提升客人的观景体验，酒店经营者在每间小屋里都设了观察望远镜、俯瞰水潭和河流的高架观景台。

除了观景，还可以在专业导游陪同下进行游猎、徒步，附近的 Sasakwa Lodge 野奢营地（Faru Faru 的姐妹营地）可以骑马、射箭、打棒球、打羽毛球、骑山地自行车和乘热气球，享受一场来自东非大草原的顶级 SPA。

野奢酒店需要专业的运营管理，这些主要体现在如图 6-3 所示的 4 个方面。

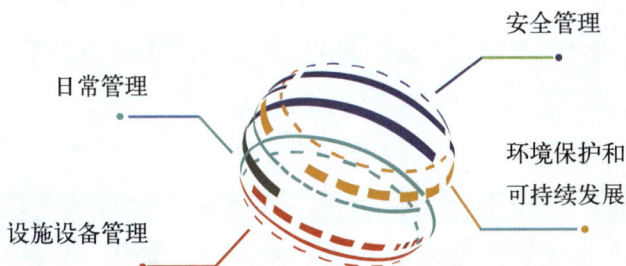

图 6-3　野奢酒店需要专业的运营管理

（1）日常管理

野奢酒店需要具备高度专业化的日常管理能力，包括运营战略的制定、市场营销、客人服务、人力资源管理等。酒店需要有清晰的品牌定位和市场定位，以吸引目标客人，并保持竞争力。同时，酒店还需要投入大量的人才来建立专业团队，包括招聘和培训员工，确保酒店的日常运营顺利进行。

（2）设施设备管理

野奢酒店通常会提供独特而奢华的设施和服务，因此需要专业化的设施设备管理团队来确保设施设备的良好运行和维护。这包括定期的设备检查和维修，以及更新升级设施设备以满足客人的需求。

（3）安全管理

专业化的安全管理是酒店经营的重要方面之一，尤其是野奢酒店，由于其特殊的地理位置，在安全管理上要求更高。

野奢酒店通常会有高端设备和贵重物品，因此需要建立健全的安全管理制度，包括安保人员的培训和配置、安全设备的安装和使用等。同时，酒店还需要与当地政府和执法部门密切合作，确保酒店的安全和客人的安全。

（4）环境保护和可持续发展

野奢酒店需要关注环境保护和可持续发展，采取合理和有效的措施减少对自然环境的影响。这包括节能减排、资源回收利用、推广可再生能源等措施。专业化的环境保护和可持续发展管理可以为酒店赢得公众的认可，并满足客人对绿色出行和住宿的需求。

总之，野奢酒店的专业化管理体现在对营运、设施设备、安全和环境保护等方面的系统化和专业化的管理。这些管理措施能够提高酒店的运营效率，提高客人的满意度，并推动酒店行业的可持续发展。

6.3 开发：坚守初心，放飞思维

6.3.1 野奢酒店开发原则

近年来，"野奢"这一概念频频出现于酒店行业，是基于两个背景，一是高端旅游度假市场的发展，二是人们心理诉求的变化。城市生活的快节奏，较大的压力催生了都市人群对野外的向往，"走向荒野"不再只是旅行家和探险家的专利，而是有经济实力又讲求时尚生活方式的高端人群所热衷选择的一种度假方式。

从经营者角度看，野奢酒店作为一种新兴的住宿度假方式，不仅仅有大量中小型企业、个人经营者参与投资开设野奢酒店，如莫干山裸心谷、杭州斐文野奢酒店等本土的、单体经营酒店；还有大量房地产项目也以"野奢"为卖点，于是一些高档的大型国际酒店集团野奢酒店开始涌现，比如，海南三亚的"双大野奢世界"，西藏的瑞吉度假酒店。

那么，经营者如何做好野奢酒店的开发工作呢？有几个原则需要遵守，首先肯定是正确选址原则，这点在前面已经详细讲过，不再赘述。其余几个如图6-4所示。

正确选址原则

野性与时尚
相结合原则

以市场为导
向原则

保护环境，坚持可
持续发展原则

图6-4　野奢酒店开发的4个原则

（1）野性与时尚相结合原则

野奢是野奢酒店的灵魂，但也不能只求"野"，而忽略了与时尚的结合。但脱离了时尚，就远离了客人需求。因此，经营者在开发酒店时要注重野奢和时尚的结合。做好两者结合需要注重设计风格、材料选择、色彩搭配和品牌合作等多个方面。

如表6-2所列的一些建议，可以帮助经营者将野奢和时尚充分结合。只有在这些方面充分地结合，才能够创造出一种独特而时尚的视觉效果。

表6-2　打造野奢酒店独特视觉效果的建议

建议	具体内容
设计风格	野奢和时尚的设计风格应该相互融合，创造出一种独特的视觉效果。野奢的设计风格通常以自然、简约、原始为主题，而时尚的设计风格则更加注重细节、创新和个性化。因此，在设计中应该注重平衡，既要体现野奢的原始和自然，又要展现时尚的精致和创新

建议	具体内容
材料选择	野奢和时尚的材料选择也是非常重要的。野奢通常采用自然材料，如木材、石头、竹子等，这些材料不仅环保，还能够带来一种自然的气息。而时尚则更加注重材料的选择，可以采用一些现代的材料，如玻璃、金属、塑料等，这些材料可以创造出更加现代化的视觉效果
色彩搭配	野奢和时尚的色彩搭配也是非常重要的。野奢的色彩通常比较素雅，以棕色、灰色、白色等为主，这些颜色能够体现出一种原始和自然的气息。而时尚则更加注重色彩的搭配，可以采用一些鲜艳的颜色，如红色、蓝色、黄色等，这些颜色可以创造出更加活泼和时尚的视觉效果
品牌合作	野奢和时尚的品牌合作也是非常重要的。一些野奢品牌和时尚品牌可以合作，共同推出一些融合了野奢和时尚元素的产品。这些产品不仅具有独特的外观和质感，还能够满足消费者对自然和奢侈的双重需求。

（2）以市场为导向原则

野奢酒店是一种在荒野或自然环境中提供豪华住宿体验的酒店。虽然它们位于偏远地区，但仍然需要以市场为导向，以满足客人的需求和期望。如表6-3所列的一些做法，可以帮助野奢酒店经营者更好地坚持以市场为导向。

表6-3 以市场为导向的做法

做法	具体内容
了解目标市场	了解酒店的目标市场是谁。野奢酒店的目标客人通常是寻求独特体验和冒险旅行的旅行者。了解他们的兴趣、偏好和旅行习惯，以便提供更符合他们需求的产品和服务
突出特色	野奢酒店的特色在于其荒野或自然环境。突出这些特色，并以此作为卖点。强调酒店的地理位置、周围的自然景观、独特的建筑设计以及提供的活动和服务
定价策略	定价是吸引客人的关键因素之一。根据酒店的地理位置、设施、服务和市场情况，制定合理的定价策略。确保价格与酒店的品质和目标市场相匹配，并考虑竞争对手的定价情况
营销策略	制定有效的营销策略，以吸引目标客人。利用社交媒体、旅游网站、博客和其他在线平台进行宣传。与旅游代理商合作，将酒店列入旅游行程中。此外，还可以考虑与当地社区合作，组织活动或提供优惠套餐

做法	具体内容
客人体验	提供优质的客人体验是吸引和留住客人的关键。确保酒店的设施和服务符合客人的期望，并尽可能提供个性化的服务。在酒店内设置一些有趣的活动，如野生动物观察、徒步旅行、瑜伽等，以提高客人的满意度和忠诚度
持续改进	定期收集客人反馈，了解他们对酒店的看法和建议。根据反馈进行改进，并不断优化产品和服务。此外，关注市场趋势和竞争对手的动态，以便及时调整自己的策略

总之，野奢酒店虽然处于荒野，但仍然需要以市场为导向，以满足客人的需求和期望。通过了解目标市场、突出特色、制定合理的定价策略、制定有效的营销策略、提供优质的客人体验以及持续改进，野奢酒店可以在竞争激烈的市场中取得成功。

（3）保护环境，坚持可持续发展原则

野奢酒店作为一种新型的酒店模式，旨在为游客提供一种亲近自然、享受奢华的体验，但这绝不代表以牺牲环境为代价。无论在什么环境下开设，都需要以保护当地环境为前提。坚持与环境和谐发展的原则。

首先，野奢酒店的建设必须尊重自然环境。在选址和设计过程中，应该充分考虑当地的自然条件和生态环境，尽可能减少对环境的破坏。例如，在建设过程中要避免破坏植被、砍伐树木等行为，同时要采取有效的措施进行环保处理，如污水处理、垃圾分类等。

其次，野奢酒店应该注重生态保护。在运营过程中，应该采取一系列措施来保护生态环境，如推广环保理念、提供环保服务、倡导绿色生活方式等。同时，应该加强对游客的教育和管理，避免游客对环境造成破坏。

此外，野奢酒店还应该积极推动当地经济发展。在建设过程中，可以与当地社区合作，提供就业机会和培训项目，促进当地经济发展。在运营过程中，可以推广当地的文化和特色产品，吸引更多的游客前来体验，进一步推动当地经济发展。

总之，野奢酒店要坚持与环境和谐发展的原则，不仅要为游客提供优质的住宿体验，还要积极保护生态环境、推动当地经济发展。只有这样，才能实现可持续发展的目标，为游客和当地社区创造更加美好的未来。

6.3.2　野奢酒店开发思路

野奢酒店如何才能够一鸣惊人，实现利益最大化，长久而稳定地发展呢？具有创意的开发思路是关键。从选址、主题定位、设计到经营管理都不能套用传统模式，而是要根据实际情况，做好创意，实现突破。

（1）城郊野奢酒店开发思路

在城郊总有一些被遗忘的地方，或是某片滩涂以及周边不乏情趣的河流和静逸的湖泊，或是有茂密树丛的小山，或是农家果园。若将这些资源充分利用起来，打造优美而私密的环境，建设滨水酒店、森林豪华帐篷酒店、果庄野奢酒店，那么既可以合理利用资源，尤其是土地资源，优化环境；又可提供都市野外郊游的度假场地；还能够带动片区发展。

（2）新农村野奢酒店开发思路

乡村天然就有着淳朴与自然的属性，在旅游资源较好、周边居民消费能力较强的乡村，可依托田园、树林、山地、草原、沙地、湖区等环境，开发风格与地域、民俗、历史文化相协调的乡村野奢酒店，并配套建设高档休闲游乐设施。

野奢酒店与乡村原有旅游环境应保持适当距离，形成互动结构，并承接私密性、时尚性较强的高端旅游接待，进而形成高端消费氛围，带动旅游地产的开发。

休闲度假村是以康乐休闲为主的物业形式，主要依托秀美的环境及一体化的娱乐服务来博得消费者的青睐。近年来休闲度假区竞争激烈，要想脱颖而出，就需要不断注入新鲜血液，挖掘特色产品。野奢酒店"野"与"奢"的鲜明特征使其与众不同，能够满足当代一些追求时尚潮流、追求个性消费、追求私密空间的消费群体的需求。

在休闲度假区开发一处风格独特的野奢酒店，既可成为一处新景点，又能提供高端私密的时尚接待，提高品位的同时获得利益，名利双收。需要注意的是，这种野奢酒店，主题和风格的策划一定要独特，越独特越具有吸引力。

（3）极致野奢酒店开发思路

以上思路是依托城市、乡村、景区等资源，结合实际而演化的野奢酒店概念，而真正意义上的野奢酒店，"野"性发挥更加深刻。例如，未开发海边修建的海滨野奢酒店，法国的 Le Maquis 酒店便是其典型代表；沙漠地带或者黄土高原建造的城堡，古老的土坯墙下藏着奢华设施，一望无际的草原上修建的豪华大帐；树林中修建的奢华农庄，美国加利福尼亚的 SanYsidra 农庄就是其代表。

6.4 装修：野性与奢华的浪漫邂逅

野奢酒店的装修风格独特，充满了野性与奢华的完美结合。它让人们感受到大自然的魅力，同时也享受到了现代文明的便利与舒适。在这里，人们可以放松身心，尽情享受大自然的恩赐。

6.4.1 低容积率、高绿化率

为更多地体现"野"的概念，野奢酒店在空间布局上采用低容积率和高绿化率。换言之，酒店的建筑面积占整个地块总面积的比例要小，通常只占 25%，甚至更小。

> **案例 6**
>
> 坐落于南澳大利亚袋鼠岛的西南海滨，毗邻僻静、风景如画的汉森湾的酒店 Southern Ocean Lodge，依地形而建，藏身于一个 40 米高的悬崖后面，屋顶依照建筑及地形呈倾斜式，整个建筑已经与汉森湾美丽的海景、沙滩与田野景致完美融合在一起，难以分割。
>
> 该酒店只有 21 间客房，建筑面积仅占地块面积的 1%。也就是说，在这块面积达 100 公顷的土地上，还有 99% 的空间是留给海豹、海狮等观光大使活动的。

野奢酒店的建筑布局，很少是单一建筑，而是分割成一个个小单体，以点形式分散布局，散落在相对独立的小环境单元里。因此，大多数野奢酒店都是以别墅的形式呈现，如图 6-5、图 6-6 所示。

图 6-5　野奢酒店分布示意图 1

图 6-6　野奢酒店分布示意图 2

　　野奢酒店十分注重环境空间的营造，通过更大的空间来展示原生态的"野"。布局方面采用开敞、自然的设计风格，最大限度地利用自然光线和景观来打造独特的空间体验。例如，酒店建筑可能会融入周围的自然地貌，利用山川、湖泊、森林等自然元素作为酒店的背景，使客人能够在舒适的环境中感受大自然的美妙。

案例 7

　　悉尼一处悬崖上，以原始山体洞穴为基础，经过人工精心雕琢，诞生了 Enchanted Cave 洞穴酒店。酒店房间内部保留了天然石壁，真实还原了原始生活的韵味。在此，您可以暂时忘却现代生活的种种压力，尽情享受那份与世隔绝的宁静与惬意。为了确保住客的安全，所有岩石都经过了精细的抛光处理，既保留了其原始风貌，又提升了使用的舒适性。

　　韩国郁陵岛山顶度假酒店坐落于山顶之上，面朝浩渺的大海，背靠雄浑的火山。此地海鲜资源丰富，环境优美如梦如幻，实为休闲度假及蜜月旅行的理想之选。酒店设计独树一帜，外观风格极具艺术气息，宛如一座现代艺术馆。酒店建筑由六个部分构成，每个部分均由六根漩涡状柱子向外延伸，形如一朵盛开的花朵。在"花心"位置设有一盏射灯，其光芒照亮星辰密布的夜空，如同为迷失者指明方向。

　　根据以上案例，可以总结出野奢酒店布局的 4 个特点，具体如图 6-7 所示。

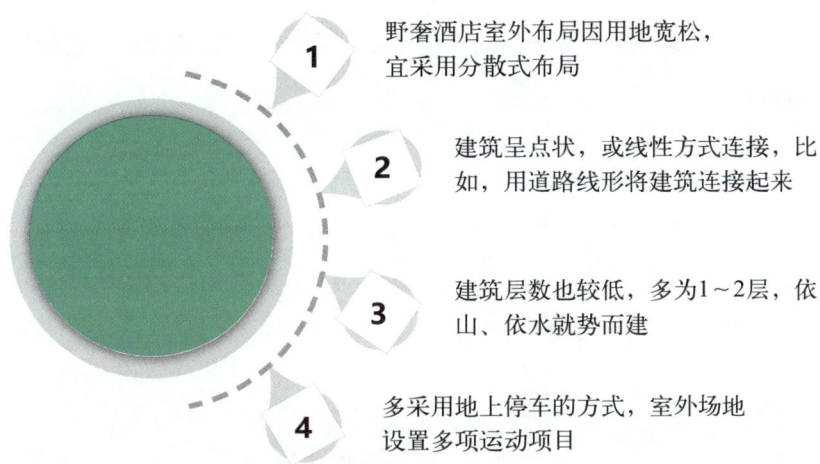

1 野奢酒店室外布局因用地宽松，宜采用分散式布局

2 建筑呈点状，或线性方式连接，比如，用道路线形将建筑连接起来

3 建筑层数也较低，多为1~2层，依山、依水就势而建

4 多采用地上停车的方式，室外场地设置多项运动项目

图6-7　野奢酒店布局的4个特点

同时，野奢酒店的布局可以根据环境理念、地域特点而有所不同，在保持奢华、舒适的同时，注重与自然环境及文化的融合。

野奢酒店也会注重保护环境和生态可持续发展。酒店的建筑和设施通常会采用环保材料，尽量减少对自然资源的消耗和环境的破坏。另外，酒店周边可能还会设有生态景观、种植有机农作物或采用可再生能源等措施，以促进环保和可持续旅游发展。

对于客房和公共空间的设计，野奢酒店也会注重细节和个性化。房间内可能会配备高品质的家具、舒适的床品和先进的科技设施，提供给客人豪华的居住体验。公共区域则会通过精心设计的布局、装饰和配套设施，为客人提供休闲娱乐、餐饮享受以及文化交流的场所。

总之，野奢酒店的布局和环境追求与自然和谐、环保可持续的理念，并致力于为客人创造独特而舒适的体验。

6.4.2　野奢酒店的功能分区

野奢酒店功能分区与酒店类似，但在功能布局上和功能侧重上有所不同。野奢酒店的各个功能组团宜分散布置（功能分区以横向分区为主），以线性的方式连接，区别于传统酒店的主体大楼式或者一般度假酒店的主体大楼加部分别墅式（功能分区以竖向分区为主）。同时，强化客房的功能和景观，弱化大堂，突出特色奢华餐饮体验，突出室内外健身娱乐活动体验。停车多采用地上停车的方式，室外场地设置多项运动活动项目。

案例 8

三亚鸟巢度假酒店位于海南省三亚市亚龙湾，是一座集休闲、娱乐、度假于一体的五星级度假酒店。酒店地理位置优越，面海靠山，环境幽静，为客人提供了一个宁静、奢华的度假环境。

酒店的设计独具匠心，建筑风格充满热带风情，同时又不失豪华与舒适。酒店的房间宽敞明亮，设施齐全，为客人提供了舒适的住宿体验。

除了舒适的住宿环境，三亚鸟巢度假酒店还提供了丰富的休闲娱乐活动，如 SPA、健身房、游泳池等，让客人在度假的同时也能保持身心健康。

此外，酒店还设有私人海滩，客人可以在此享受阳光、沙滩和海水，感受海边的浪漫时光。

三亚鸟巢度假酒店以森林生态环境为主题，分三大区域，如图 6-8 所示。以生态休闲功能为特色，以观光游览功能为基础，以休闲度假功能为重点，同时以雨林探险、民俗文化、健身养生等功能为辅助。

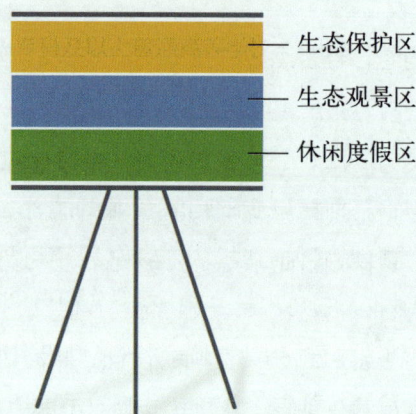

图 6-8　三亚鸟巢度假酒店的森林生态环境三大区域

野奢酒店的功能流线一般是入口区（包括停车场、接待区和行政区）—公共活动区（餐饮区、健身娱乐区、会议和展览）—客房区。

与其他类型的酒店相比，野奢酒店的客房区和公共活动区的距离更远，客房区也更加私密。另外，野奢酒店范围还包括大面积的环境空间。例如，裸心谷规划区域范围内，原有的农田、林地、溪水都将被尽力保护并优化设计，还将引进先进有机农业技术，进行蔬菜、茶叶、林地种植。

→ 特色酒店经营管理 ←
赋予文化 + 品牌联动 + 精细管理 + 社交营销

野奢酒店的设计规划中，道路系统扮演着至关重要的角色。为确保各功能区域间的顺畅联系，可以采用特定的道路线形布局。具体而言，酒店入口区域应设置停车场，并采用生态停车场的形式，如使用植草砖铺地，并融入环境的水平和垂直绿化设计。鉴于野奢度假酒店多位于远郊或风景区内，且客人多为自驾前往，相较于其他类型的酒店，其停车需求更为显著。

　　因此，停车位的规模应参考景区度假型酒店的 0.8～1.0 辆 / 间的标准，并取上限值。对于设有大型会议或婚宴功能的野奢酒店，应根据相关建筑面积适当增加停车位数量。

　　在主路规划上，要限制私家车辆通行，而采用电瓶车或其他具有地方特色的环保型交通工具作为主要出行方式。在各功能片区设置换乘点，以提升客人通行的便捷性。同时，为了最大限度地减少对环境的破坏，在各个组团内部使用天然或环保材质的步道连接各个建筑，例如澳大利亚的 Longitude 131° 酒店，客人需通过一条位于沙丘低处的步道抵达房间，以此保护沙丘顶部的生态环境。

　　此外，为确保客房的私密性，客房区建筑与道路之间的距离应合理设置。参考莫干山裸心谷度假酒店、安吉帐篷客度假酒店以及三亚鸟巢度假酒店的设计，主要独栋客房或帐篷客房与道路的距离应控制在 4～18 米之间。这样的布局不仅有助于维护酒店的私密氛围，还能在一定程度上提升客人的住宿体验。

7

品牌 IP 化：

塑造独特品牌形象，提升市场竞争力

为了在激烈的市场竞争中脱颖而出，并赢得更多的市场份额和客人资源，特色酒店必须积极树立品牌意识。对品牌进行全面的管理和创新，包括明确品牌定位、精心设计品牌形象、实施有效的品牌管理策略。通过这些举措，提升品牌的美誉度，扩大品牌的知名度。

　　品牌对于一个企业的重要性，各行各业都已经有了高度一致的共识，那就是做企业必须建立自己的品牌。没有品牌，在如今这个竞争激烈、品牌林立的时代，企业是无法持久生存的。

　　品牌的发展大致经历了 3 个阶段，如图 7-1 所示，这 3 个阶段是一个由弱到强，从一个模糊概念到理念成熟再到 IP 化运作的过程。

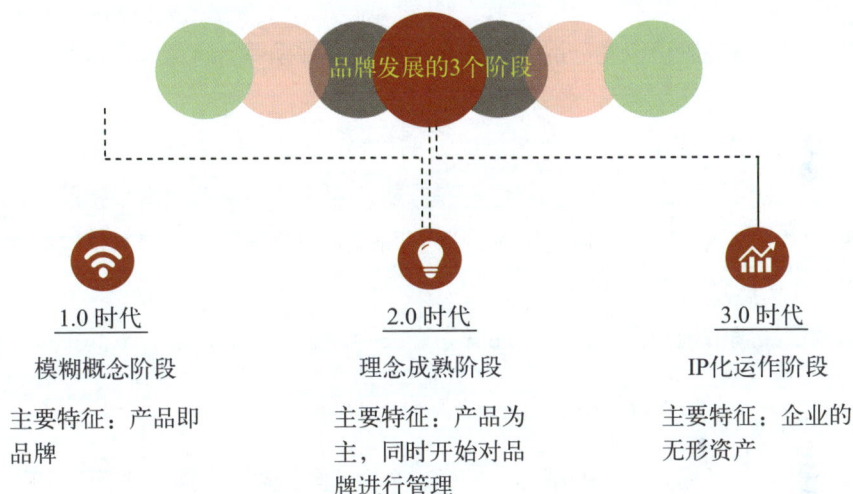

1.0 时代

模糊概念阶段

主要特征：产品即品牌

2.0 时代

理念成熟阶段

主要特征：产品为主，同时开始对品牌进行管理

3.0 时代

IP化运作阶段

主要特征：企业的无形资产

图 7-1　品牌发展的 3 个阶段

（1）1.0 时代

　　1.0 时代是最初级阶段，产品即品牌的阶段。这个阶段的品牌呈现的最大特征是，品牌和产品的概念界限比较模糊，产品往往就代表品牌，品牌只是产品的一个符号，无法为产品带来太多的附加价值。

　　这个阶段，产品的研发是企业集中攻克的问题，根据 FAB（特征、优势、利益）理论不断完善产品，构建产品的价值体系，实现与竞品的差异化优势；同时，企业的营销、推广、战略升级资源也都聚焦于产品身上。

　　处于该阶段的品牌，美誉度和口碑基本上都是来自产品质量的好坏，产品质量过硬的，品牌知名度会越来越高。相应地，一旦产品出现问题，品牌口碑也会一败涂地。

（2）2.0 时代

2.0 时代是"以产品为主，同时对品牌进行管理"的阶段。该阶段品牌最大的特征是"产品""品牌"开始分开。当产品已经有了一定量的、明确的消费群体，企业自然会从消费者处获得各种各样的反馈和评价。此时，品牌就有了更多的作用，比如，将散而乱的各种产品印象进行集中收拢，并让消费者觉得产品是具有温度和性格的人格化形象，让消费者对产品产生信任和认可。

该阶段的品牌主要有两重作用，一个是价值担保，另一个是联想载体。

1）价值担保

价值担保是品牌可以为产品价值的实现提供某种担保，避免消费者对产品产生负面印象。对此，可以用一个常见现象来说明。

假如，消费者买了一瓶某知名品牌去屑洗发水，用过之后发现还是有头皮屑，那么，他认为自己买的这瓶洗发水可能是假货，但不会否认该品牌；相反，如果买了一瓶其他不知名品牌的去屑洗发水，遇到同样的问题，第一反应不是这瓶洗发水是假货，而是认为这个品牌不行。

这就是品牌价值担保的作用，品牌为产品担保了去屑的价值，从而不被消费者质疑。

2）联想载体

联想载体是指品牌承载的精神、价值、个性及与消费者的某种联系。随着消费需求、消费方式的多样化，消费者在选择某个品牌时，想到的绝对不仅仅是产品价值，还有很多相关的联想物。

例如，一提到麦当劳，就会想到黄色的大 M 标志，想到热气腾腾的汉堡，想到干净明亮的用餐环境；还有，当提起劳斯莱斯，脑海里首先会想到高价位、精密、带点手工制造成分，进而想到高品位的生活方式。

企业通过品牌这一载体，向消费者传递某种联想，就是承担着联想的作用。

（3）3.0 时代

3.0 时代即品牌 IP 化阶段，此时的品牌，对企业而言是一种无形资产，对消费者而言就是产品力和信任感，曾有美国学者提出品牌依恋、品牌挚爱等概念，也是源于此。

3.0 时代的品牌 IP 化是一个系统性的过程，需要从多个方面入手，具体包括如表 7-1 所列的内容。

表 7-1　3.0 时代品牌 IP 化包含的内容

品牌 IP 化	具体内容
品牌定位	酒店品牌 IP 化首要任务是明确品牌定位。品牌定位是指酒店根据市场需求、竞争态势和自身优势，为自身树立起一个明确的、有别于竞争对手的市场位置。品牌定位需要精准把握目标客人的需求和心理，不断提升客人对品牌的认知度和忠诚度
品牌形象	品牌形象是指消费者对酒店品牌的整体印象和认知，它是酒店品牌经营的核心要素。酒店品牌形象通常来源于酒店的硬件设施、服务质量、品牌文化等多个方面，优秀的品牌形象能够提升消费者对酒店的信任度和满意度，从而增强品牌的竞争力
品牌管理	品牌管理是指酒店对品牌的全面规划、运营和维护。品牌管理包括品牌战略规划、品牌传播、品牌危机处理等多个方面。酒店需要建立起完善的品牌管理体系，不断提升品牌的知名度和美誉度
品牌扩张	品牌的成功经营离不开向外扩张，品牌扩张是指通过连锁、加盟、合作等方式，扩大品牌的覆盖范围和市场占有率。酒店需要在保持品牌形象和品质的基础上，不断探索新的市场机会和发展模式，实现品牌的持续扩张
品牌创新	随着市场需求的不断变化、消费需求的多样化，品牌需要不断创新以保持竞争优势。品牌创新包括服务模式创新、产品创新、营销方式创新等多个方面。酒店需要通过不断创新来满足消费者的需求，提升品牌的竞争力和市场地位

1) 无形资产

消费者与品牌形成亲密关系之后，就会使得消费者离不开这个品牌，更多地为该品牌的产品买单，这就使得品牌变成了无形资产。

无形资产是品牌发展的里程碑，预示着品牌正式成为企业资产重要的组成部分。20 世纪 80 年代中后期，"品牌是企业无形资产"的理念被提了出来，当时品牌非常值钱，下面来看看当时一起重要的品牌并购案。

案例 1

雀巢旗下的糖果品牌 Rowntree's，原是英国的一家糖果公司，于 1988 年被雀巢公司收购。当时，收购价为 50 亿瑞士法郎，是 Rowntree's 公司股价的 3 倍，资产总额的 26 倍，收购价之所以会溢出这么多，就是因为

2）产品力和信任感

在 3.0 时代，品牌的价值更多地体现在产品力与信任感的融合上。以雀巢收购 Rowntree's 为例，作为拥有百年历史的英国老牌糖果制造商，英国三大糖果制造商之一，其旗下多个子品牌更是深受消费者喜爱，产品远销全球。雀巢收购 Rowntree's 后，继续利用其品牌影响力，如水果馅饼和水果胶等，进一步证明了品牌在产品推广中的关键作用。

回顾 1.0 和 2.0 时代，品牌与产品之间的关系相对独立，产品往往占据主导地位，而品牌则作为附属存在。然而，在 3.0 时代，品牌与产品之间的关系已经变得密不可分，品牌不仅前置，还通过其影响力与产品及相关元素形成紧密的关系集合。这种关系集合正是品牌 IP 化阶段的核心要素。

当前，网红品牌在互联网上崭露头角，凭借其庞大的受众群体和巨大的潜在市场，正逐渐超越传统品牌，引领新的消费趋势。例如，喜茶、元气森林、李子柒、王饱饱等新兴品牌，均依托互联网快速崛起。这些网红品牌的成功背后，源于对互联网环境的深刻理解，以及一套行之有效的互联网营销路径。它们将产品与营销紧密结合，形成了独特的品牌 IP 化模式。

在新锐品牌的营销中，产品与营销实现了高度融合。部分产品在研发阶段就已经融入了营销元素，使得产品与营销相互支持、相互促进。这种融合了实体产品运营与互联网产品营销的思路，使得品牌在两个环境中得以生存和发展，形成了并行运营的思维模式。这种模式不仅体现了品牌的实体价值，还赋予了品牌在互联网时代的全新生命力。

7.2 品牌 IP 化是特色酒店发展的重要一步

随着消费不断升级，所有传统品牌都在寻求创新和转型，包括传统酒店品牌，由于已经无法满足自身的发展要求，一大批特色酒店品牌应运而生。而这些富有特色的酒店品牌最大"特色"就是实现了品牌 IP 化。

品牌是工业化时代的产物，IP 是互联网时代的产物。所谓品牌 IP 化，就是运用 IP 思维重新定义品牌，通过社交、跨界或赋予品牌人格、情感等，完成品牌重塑，将品牌打造成一个具有独特个性和故事的 IP，以吸引更多的消费者和忠实粉丝。

目前，完成品牌 IP 化的酒店已经非常多，典型的有亚朵、尚美生活、首旅如家、布丁酒店等，玩法各异。

接下来，来看两个酒店品牌 IP 化的案例。

案例 2

提到酒店品牌 IP 化，一定离不开亚朵。亚朵酒店是一家高端连锁酒店，提倡人文、温暖、有趣的第四空间生活方式，成立于 2016 年，之后几年快速崛起。

快速崛起的原因与品牌跨界做得好有关，该酒店最初以阅读和摄影为主题定位，后与其他品牌合作，推出亚朵网易严选、亚朵网易云音乐、亚朵 S 吴酒店等。

与亚朵合作的 IP 包括网易严选、网易云音乐、知乎、马蜂窝、果壳网、穷游、虎扑、差评、吴晓波频道、QQ 超级会员、同道大叔、花加以及网易漫画等。这些联合第三方品牌推出的合作，实质是品牌间的跨界合作，不但可以互为借力，还赋予了亚朵社交属性。

案例 3

兰欧酒店是尚美生活集团推出的国内首个中高端艺术商旅酒店品牌，专注于商务精英的出行场景以及生活方式，由知名设计师匠心打造，致力为商旅精英人群提供等同于高星级酒店的住宿体验。

兰欧酒店聚焦商旅住宿的核心需求，推出极具吸引力的"一对一的兰大使"服务、"全天候 15 分钟出餐"的兰欧能量餐、"酒店 + 联合办公"的跨界服务等深受商旅人士喜爱的贴心服务。同时，兰欧酒店十分注重合作品牌的产品品质，严选知名品牌及优质供应商，力求为消费者带来"艺术商旅"生活方式的全新体验。

同时，兰欧酒店在国内加速布局，获得了投资人与消费者的大力认可。作为尚美生活集团旗下最具代表性的中高端酒店品牌，兰欧酒店能获得如此喜人的成绩与其品牌 IP 化有很大的关系。比如，2018 年，兰欧酒店推出"兰欧 +"品牌升级战略，从业态、产品、服务三大维度实现全新升级，为广大消费者带来惊喜。

酒店品牌热衷跨界合作和 IP 植入的背后，是供大于求的市场环境和消费环境改变下遭遇瓶颈所致，在个性化、主题性消费特征更强的趋势下，酒店品牌 IP 化已势在必行。

酒店品牌 IP 化未来将成为一种大趋势，主要源于 6 种社会条件，具体如表 7-2 所列。

表 7-2　酒店品牌 IP 化的 6 种社会条件

社会条件	具体内容
消费群体更新迭代	随着 90 后、00 后逐渐成为主流消费群体，区别于上一代人的成长环境，造就了不同的消费理念及消费偏好
消费需求升级	消费者对商品功能的需求不再是第一位，而逐步向情感和精神需求转移。品牌 IP 化可拉近品牌与消费者之间的情感距离，凸显精神价值
产品同质化严重	酒店的产品是服务，而服务是最容易同质化的，从成本、功能、形象上日益趋同，产品壁垒日益降低，导致价格战愈演愈烈
营销渠道趋同化	当下真正影响酒店美誉度的不再仅仅是产品和服务，还有广告投入，谁能以同样的广告投入吸引更多流量，并实现流量变现，谁就能获得大量客人
社群营销成主流	微信、微博、短视频等社交平台使酒店与用户达成直接对话互动，用年轻人喜欢的交流方式和新的品牌形象去交流。酒店品牌 IP 化可很好地提升品牌形象，开启交流的大门
信息获取碎片化	互联网时代使信息更加"碎片化"、注意力更加分散，品牌营销也变得更难。而对酒店本身而言，能做的就是最大限度地将有效信息的传播累积到一个"点"上，通过"点"来吸引更多的关注，而这个"点"就是 IP

特色酒店经营管理
赋予文化 + 品牌联动 + 精细管理 + 社交营销

7.3　酒店品牌 IP 化必须做到"五化"

酒店品牌 IP 化不是笼统的概念，而是具有明显的特征。比如，概念化、形象化、标签化等。酒店经营者在利用这种策略时，可以通过创造独特主题、设计风格或者特色服务等，来使自己的品牌看得见、摸得着。

7.3.1　概念化：塑造独特的品牌理念

品牌的影响力在于当产品呈现在消费者眼前或传入其耳中时，能够迅速激发消费者对品牌背后所蕴含的多方面信息的联想，这些信息涵盖了企业的整体形象、特色产品或服务，以及消费者可以从中获得的价值与益处。

那么，对于酒店品牌而言，如何塑造出这样的影响力呢？一种极为有效的方式便是精心打造品牌概念。通过构建独特而富有吸引力的概念，可以使消费者对品牌形成深刻而持久的印象。

可以从大众消费行业的成功经验中汲取启示，例如，五谷道场所倡导的原生态理念、金龙鱼所传递的温情价值。这些成功的案例都展示了如何通过精准的品牌概念塑造，实现品牌价值的最大化。

这样，当消费者提到这些品牌时，头脑中首先就会涌现或健康或养生或温馨的某个场景，在场景氛围的影响下，从而对品牌、对产品产生认可。

再回到酒店行业，酒店要想打造品牌的知名度和美誉度也要注重品牌的概念化。在打造品牌 IP 时最好先制造一个"概念"。然而，由于酒店行业在品牌打造上整体不够成熟，较之其他行业还有很大差距，因此这方面的典型案例并不多，即使有的酒店有"概念"性，也相对模糊。

一家酒店，要想打造自己的品牌形象就必须学会制造"概念"，或者说做好"概念营销"。对于"概念"很多人并不陌生，理解起来也很容易，最关键的是要着眼于消费者的理性认知与积极情感，通过导入新消费观念来促进消费者对品牌、产品或服务形成深刻印象。

7.3.2 形象化：设计独特的品牌形象

酒店品牌形象化是指将酒店特点、价值观和理念等这些无形的东西转化为具体的形象和印象，体现在产品、服务上。以帮助消费者更好地认识和理解酒店，在消费者心目中建立独特的酒店印象。

酒店品牌形象化的内容主要包括以下5个方面。

（1）品牌标识

酒店通常会设计一个独特且易于识别的品牌标识，如标志性图案、字母组合或标志性颜色，在宣传资料、网站、酒店建筑等各个环节中使用，以增强品牌的可视化效果。

（2）品牌名称

酒店的名称也是品牌形象化的重要组成部分。品牌名称可以与酒店的理念和特点紧密相连，突出品牌的独特性和个性化。

（3）室内设计和装饰

酒店的室内设计和装饰是品牌形象化的重要载体之一。通过选择特定的设计风格、配色方案和家具布置，酒店可以传达出不同的品牌特色，例如豪华、时尚、自然等。

（4）服务理念和标准

酒店的服务理念和标准是品牌形象化的核心内容。酒店可以通过培训员工、制定服务守则和提供独特的服务体验，将其品牌的价值观和理念传达给消费者，并建立起良好的口碑和信誉。

（5）品牌宣传和推广

通过各种宣传和推广渠道，如电视广告、杂志、社交媒体等，酒店可以向消费者展示其品牌形象，向他们传递品牌的特点和价值观，从而吸引更多的潜在客人。

总而言之，酒店品牌形象化是通过品牌标志、品牌名称、室内设计和装饰、服务理念和标准以及品牌宣传和推广等手段，将酒店的特点和理念转化为具体的形象和印象，以在市场中建立独特的品牌标识。

7.3.3　标签化：为品牌贴上独特的标识

品牌的标签化是指通过明确和鲜明的标签或标识来识别和区分特定品牌，以便消费者能够立即将其与其他竞争对手区分开来。这些标签可以是品牌名称、标志、颜色、声音、口号等，通常与特定的品牌形象和价值观相关联。

品牌标签化具有以下 4 个优点。

❶ 建立品牌辨识度。通过独特的标签，品牌可以在市场中脱颖而出，使消费者能够迅速识别并记住品牌。这有助于建立品牌的辨识度和知名度。

❷ 提高品牌忠诚度。标签化可以帮助品牌塑造独特的形象和个性，与目标消费者建立情感联系，并提高品牌忠诚度。当消费者认同并喜欢品牌所展现的价值观和风格时，他们更有可能选择购买和支持该品牌。

❸ 传达品牌价值观。品牌标签可以传达品牌的核心价值理念和承诺。例如，通过特定的标志和标语，品牌可以传达关于环保、社会责任、创新等方面的信息，从而吸引与这些价值观相符的消费者。

❹ 简化品牌沟通。当品牌具有明确的标签时，其在市场营销和广告中的传播变得更加容易和简化。标签化可以帮助品牌传递一致的信息，并更有效地与目标受众进行沟通。

然而，值得注意的是，品牌在标签化过程中也有自身的特点，具体如表 7-3 所列，以显示自身与其他品牌的不同。

表 7-3　品牌标签化的特点

特点	具体内容
独特性	标签应该与竞争对手有所区别，以便让消费者立即将其与其他品牌加以区别
一致性	品牌标签在不同的渠道和媒体上应该保持一致，建立统一的品牌形象
可持续性	品牌标签需要经受时间考验，具有持久性，而不是随着时代和趋势的改变而频繁更改

综上所述，品牌标签化是一种重要的品牌策略，它可以帮助品牌在市场中建立辨识度、提高忠诚度，并传达品牌的价值观。通过明确定义并巧妙运用标签化，品牌可以在竞争激烈的市场中取得竞争优势。

7.3.4 符号化：让品牌符号深入人心

酒店品牌往往通过其独特的符号来传达特定的形象和价值观。这些符号包括标志、名字、设计风格、口号和品牌口碑等。

品牌酒店的符号化对于增强市场竞争至关重要。通过建立独特的标识和品牌形象，品牌酒店可以吸引更多的消费者，并与其他品牌进行区隔。例如，一些高端酒店可能采用优雅、奢华的设计风格，以及高品质的服务标准，这种符号化可以吸引那些追求豪华体验的消费者。

酒店品牌符号化的方式有很多种，如图 7-2 所示是常用的策略。

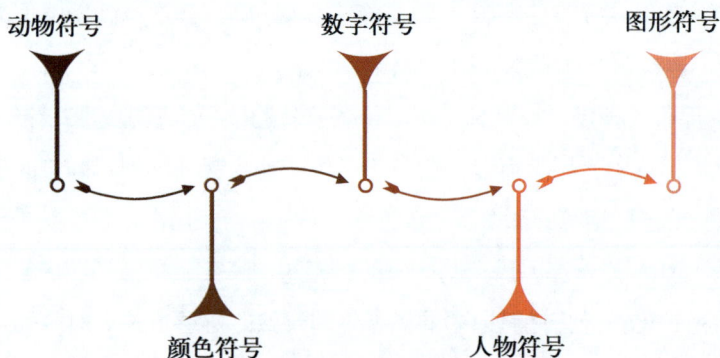

图 7-2　酒店品牌符号化的方式

（1）动物符号

动物符号能够生动形象地表现品牌的特征和价值理念，易于被消费者接受和喜爱。例如，万豪酒店穿西服的熊便是典型的动物符号。

（2）颜色符号

颜色是品牌符号化的重要手段之一，具有直观、易于记忆的特点。例如，7 天连锁酒店将品牌代表色黄色广泛应用于酒店内外，标志也采用了醒目的蓝色数字 7，从而实现了品牌的快速识别和记忆。

（3）数字符号

数字符号能够直观地表达品牌的定位和特点，同时，也具有一定的神秘感和记忆度。例如，速 8 酒店以零成本实现了品牌数字符号的传播，从而提升了品牌的知名度和影响力。

（4）人物符号

人物符号能够传达品牌的历史和文化内涵，同时也能体现品牌的个性化和差异化。例如，洲际酒店集团以第一代创始人威廉·巴斯先生为原型，设计了一系列的品牌人物形象，增强了消费者对品牌的认知和信任。

（5）图形符号

图形符号不仅能够直观地展示品牌形象和特征，还蕴含着艺术美感和审美价值。以香格里拉酒店为例，该酒店特别注重宾客的体验，致力于让宾客的入住体验宛如回到家中，其服务理念中的"宾至如归"便精准捕捉了宾客在入住时的感受。选择香格里拉，也是宾客品位的体现，因为在这里，他们不仅能享受到超越常规的服务，还能体验到宁静的环境，以及充满灵感的建筑风格和设计品位。

酒店品牌符号化是品牌营销的重要手段之一，通过将品牌的核心特征和价值理念转化为视觉符号，帮助消费者快速识别和记忆品牌，增强品牌的认知度和影响力。

当然，在品牌符号化的过程中也要注意一些事项，具体包括如表7-4所列的5点内容。

表7-4 品牌符号化的注意事项

注意事项	具体内容
要符合品牌定位和价值理念	能够准确地传达品牌的核心特征和价值
要具有独特性和差异化性	能够与竞争对手区分开来，避免混淆
要具有可记忆性和可识别性	能够让消费者快速地记住和识别品牌
要具有可延展性	能够应用于各种媒介和场合，提高品牌的传播效果
要具有可持续性	能够随着品牌的发展和变化而不断更新和完善

另外，酒店品牌在符号化过程中也需要考虑到当地的文化和政治背景。根据当地的政治立场，尊重法律法规，不得有损害国家利益、扭曲历史事实或传播错误信息的行为。特别是在涉及敏感政治问题的符号化上，酒店需要保持谨慎和审慎，以免引发争议或破坏公众形象。

总而言之，酒店品牌符号化是一种重要的市场策略，通过建立独特的标识和形象，吸引消费者并与竞争对手区隔。然而，符号化也应该避免涉及敏感政治问题。

7.3.5 时尚化：让品牌与时俱进，引领潮流

将酒店品牌时尚化是一种让酒店更具吸引力和独特性的策略。时尚化可以使酒店更加符合现代消费特征，有活力，吸引更多的目标受众，提高品牌知名度和忠诚度。

那么，什么是酒店品牌的时尚化呢？是指使酒店品牌与时尚潮流和消费者的个人风格相契合，以吸引更多年轻、时尚和注重个性化的客人。这种趋势反映了现代消费者对独特体验和时尚感的追求，以及他们对住宿场所的期望。

以下是一些酒店品牌时尚化的方法。

（1）设计与装饰

时尚酒店注重设计和装饰，通过独特、现代、艺术性的内部和外部设计，创造出与众不同的氛围和体验。这可以包括使用新颖的材料、时尚的家具和装饰品以及艺术作品等来增加时尚感。

（2）客房和公共区域体验

时尚酒店注重提供独特而舒适的客房和公共区域体验。这可以通过打造舒适、现代、高科技的客房设施，独特的公共区域设计以及音乐、灯光和氛围来实现。

（3）餐饮

时尚酒店注重提供时尚、创新和多样化的餐饮选择。

（4）个性化服务

根据客人的喜好和需求，提供个性化的服务，例如，定制化的旅行建议、特殊的活动安排等，使客人感受到被照顾。

（5）社交媒体营销

积极利用社交媒体平台推广酒店品牌，并与年轻客人建立互动。在社交平台上分享时尚的照片和视频，吸引潜在客人的关注和兴趣。

（6）食品和饮料创新

提供创意和时尚的食品和饮料选择，如健康食品、特色鸡尾酒、时尚的餐厅氛围等，以满足消费者对美食和饮品的要求。

（7）合作伙伴关系

与时尚品牌或设计师合作，共同推出限量版产品或特别设计的酒店客房，增加

品牌的独特性和吸引力。

（8）技术应用

提供高科技设施和便利，如可定制的智能控制系统、无线充电器、高速 Wi-Fi、智能电视等，以满足年轻消费者对科技的需求。

7.4　酒店品牌 IP 化的战略布局

有些酒店独特到无人超越，有些酒店几乎是在一夜之间就被人熟知，原因在于不同的酒店在品牌 IP 化过程中采取的策略不同。品牌 IP 化的策略，总体上可以归结为两大类。一类是利用标准模板，实现规模化复制；另一类是利用创新模板，打造个性化定制。

7.4.1　利用标准模板，实现规模化复制

利用标准模板，进行规模化复制是企业寻求快速发展的一种捷径，这是一种发展策略，而且在各行各业都普遍存在。尤其是在酒店行业，连锁酒店就是一种典型，先制定一套模板，然后规模化复制，成本低、速度快。

当然，在特色酒店的经营上，不能像连锁酒店那样 100% 照搬，在"复制"时需要取其精华去其糟粕，同时，要充分结合自己的实际情况，或集中或分散性地加以运用。具体可以从如图 7-3 所示的 4 个层面来体现。

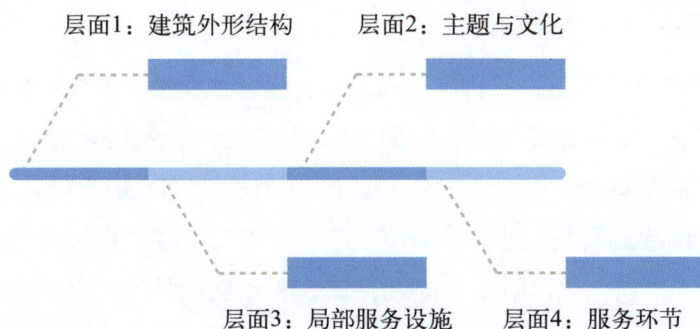

层面1：建筑外形结构　　层面2：主题与文化

层面3：局部服务设施　　层面4：服务环节

图 7-3　利用标准模板，实现规模化复制的 4 个层面

（1）层面 1：建筑外形结构

酒店建筑是第一时间进入客人眼帘的印象。独特外形不仅可以给住店客人造成视觉冲击，而且可以广泛吸引路人、游客、本地居民乃至国内外业界的眼球和关注，为酒店打造潜在市场。因而有条件的企业往往首先考虑在外形上跳出一般设计，以求赋予酒店不同程度的魅力、神秘感或诱惑力（如上海衡山路 12 号酒店）；甚至争取做到极致，成为更大范围的地标建筑，起旅游度假目的地资源作用（如湖州喜来登温泉度假酒店，俗称月亮酒店）。

建筑外形标新立异的限制性前提是必须在项目筹建初始就有立意并依此完成总体的设计定型。此外，由于设计与建设成本高，开发商要有雄厚实力。

（2）层面 2：主题与文化

相对于建筑外形，在主题与文化层面实现差异的条件要宽泛一些。就时间段而言，除了可以在筹划阶段实施外，还可以在发展中期阶段通过改造完成。

案例 4

上海银星皇冠假日酒店是 1991 年开业、有 30 多年历史的国际品牌商务酒店。2009 年后，利用业主上海电影集团的条件，上海银星皇冠假日酒店添加了大量有关电影发展历史、拍摄制作过程、明星成长及国内外经典作品等方面的元素，逐渐凸显出其电影文化的特色，从而摆脱了一般国际品牌商务酒店同质化的困扰。近几年几乎包揽了上海的专业市场，如每年的国际电影节、国际艺术节、国际音乐节等文化节庆活动都将其作为官方接待酒店。

（3）层面 3：局部服务设施

有时候酒店在结构外形受限不宜做奇异化设计或调整，整体的主题文化塑造也有难度的情况下，通过局部的服务设施来显示特色，给客人某个方面与众不同的体验产品，也是不错的选择。这些展示差异的服务设施可以是制作核心产品的客房（如上海宝御酒店臻辉客房、扬子饭店雅艺客房、绅公馆客房等）；也可以是第一道面客的前厅（如贝轩大公馆前台）；或者是其他带给客人异样体验的配套设施（如上海绅公馆游泳池等）。

特色酒店经营管理
赋予文化 + 品牌联动 + 精细管理 + 社交营销

好的服务设施同样可以起到扩大酒店影响力、提升口碑的作用。

案例 5

北京东方君悦酒店的地下层有一个模仿热带雨林环境的游泳池，水池周围有热带树草，顶部酷似天空并交替着各种时间或气候的变化，时而阳光灿烂，时而星夜寂静，时而电闪雷鸣，周边还有虫鸣鸟叫。

这个游泳池是该酒店最大的亮点，会让人有置身亚马孙河流域度假村的感觉。很多入住过该酒店的客人，对酒店其他设施逐渐淡忘，但游泳池仍历历在目。

（4）层面 4：服务环节

特色和差异的发展，除了从项目的宏观和中观角度考虑以外，也可以从面客服务的环节等相对微观层面来演绎创新，同样可以收到与众不同的效果。

案例 6

上海安达仕酒店在设计 Check-in 区域时，采取了创新的布局方式。以两张独立摆放的方桌取代传统长条柜台，使客人可以穿梭其间，与工作人员直接沟通。此举不仅消除了工作人员与客人之间的空间隔阂，还提高了沟通效率。同时，区域旁边设置的酒吧为等待的客人提供了舒适的休息环境，他们可以在此享用饮料，无须起身即可由员工手持平板电脑前来办理手续。这种创新服务模式不仅拉近了员工与客人之间的距离，也避免了高峰时段客人排队等待的困扰。

另外，某酒店在自助餐服务方面同样展现出其独特之处。为确保菜品的新鲜度和口感，酒店特别在每个餐台下安装了炉温控制按钮。此外，酒店还注重客人的健康饮食需求，在每个菜品的名牌上明确标注了营养成分，体现了对现代生活方式的深入理解。这些细致入微的服务举措，使该酒店在餐饮领域独树一帜。

特色经营和差异发展不仅可以从酒店项目多个层面来演绎产品的与众不同，还可以从酒店经营等层面考虑创新，达到管理模式特色化、营销手段特色化等。

诚然，管理模式特色化和营销手段特色化不等同于产品特色化，不能直接拿出去销售。但它与各个层面的特色创新结合，可以优化产品特色化的过程、扩大产品特色化的影响，起放大产品特色差异效果的乘数作用。

以案例6中某宾馆差异化酒店产品与创新营销手段结合为例。该店为摆脱同质化困扰，决定塑造以食疗为重点的养生文化形象。该宾馆一方面重整餐厅布局，辟出养生餐区，提供颇受客人欢迎的小米山药粥等主辅食和其他健康菜品；另一方面在网站上开辟养生主题论坛，请专家系统讲述养生理念、介绍养生食品，吸引网民进入论坛沟通互动，培育以健康养生为需求的潜在市场，久而久之吸引了一群论坛忠实粉丝。其中许多人觉得这家酒店有品位，多次反复入住来体验食品养生之道。这是特色经营和差异发展的多层展现和多维结合。

7.4.2　利用创新模板，打造个性化定制

国际主流酒店集团和管理公司凭借其职业敏锐，发现了市场需求的细微变化和初露端倪的趋势。在继续推行标准模板规模复制、争夺普众市场份额的同时进行策略调整，设计出一些适应个性和特色发展的品牌切入小众和精众市场，以保持其在全球和地区竞争格局中的优势。它们的做法大致有如图7-4所示的3种。

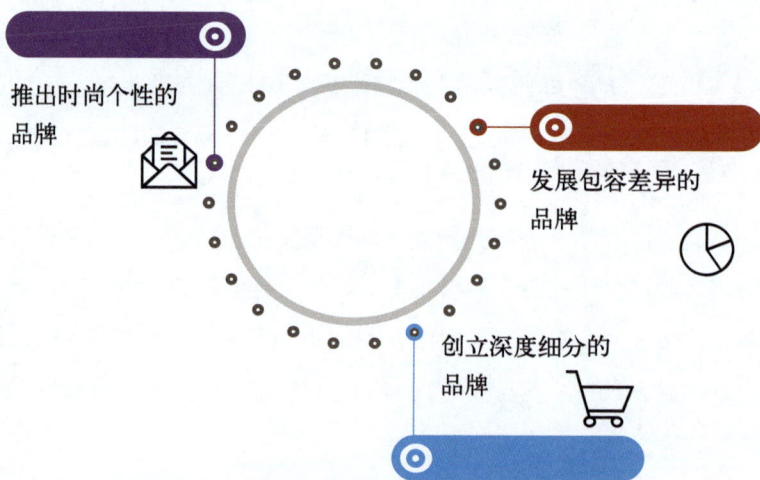

推出时尚个性的品牌

发展包容差异的品牌

创立深度细分的品牌

图7-4　利用创新模板，打造个性化定制的做法

（1）推出时尚个性的品牌

国际集团面对标准化背景下某些特定消费群体追求现代生活节奏、崇尚个性发挥和时尚翻新的需求而推出不同于传统标准复制品牌的品牌。

如喜达屋集团 1998 年推出的 W 品牌，凯悦集团 2007 年推出的安达仕品牌，都属于个性时尚品牌。希尔顿集团的 Canopy by Hilton，也可归在这一类。

（2）发展包容差异的品牌

这是指国际集团面对各种特色和个性化物业的涌现，为竞争酒店管理市场份额，突破传统的一个酒店品牌指代一类标准产品酒店的定式，推出可以包容各种全然不同的个性特色酒店物业的品牌。换句话说，传统的一个酒店品牌就是一个标准模板，一类酒店产品，构成这个模板产品的各个"参数"（如设计风格、布局、客房面积、物品配置，甚至 logo 等）都是确定或量化的，是作为产品标准来执行的。不符合"参数"要求的酒店物业是不能贴这个品牌的。

而这里所说的品牌已经不再是指代某类单一的酒店产品模板，而是可以广纳具有不同参数的酒店产品，只要它们是高端豪华的就可收入其中，因而具有高端豪华酒店集合体的性质，因此我们称之为包容差异的品牌，或 collection 类品牌。

> **案例 7**
>
> 洲际旗下的"英迪格"（Indigo）。
>
> 洲际集团品牌系列中没有直接挂"colletion"或"gallery"标签的，但它的英迪格（Indigo）品牌却实际具有包容个性和差异的性质。这是由于英迪格品牌巧妙规定了成员酒店要反映所在地的邻里文化（即本土文化），而因为各地邻里文化不同，所以酒店反映的内容也是不同的。这一条就确保了成员酒店不可能千篇一律、始终呈现一个面孔。

这就是国际集团应对差异发展的第二个调整策略——推出 collection 类品牌。

（3）创立深度细分的品牌

这是指国际集团为适应个性和差异发展开始在深度乃至极致细分市场基础上推出量身制作的品牌。国际集团如此操作是因为对市场细分的层次越深，被细分后的外延就越窄，量身制作的对应品牌就有可能做得更专（注）更精（细），其彰显特色摆脱同质阴影的作用就越大。

如洲际集团研究中国市场后开发的 Hualuxe（华邑），以深度体现中华传统文化为特色而显著区别于其他同档级国际品牌，一面世就签约了 20 个项目。不仅在中国市场上为洲际集团缓解了因皇冠假日等品牌密度增加而形成的进一步发展难题，而且在国外华人世界中产生共鸣，形成具诱惑力的潜在市场。

凯悦集团对全包休闲度假需求市场进行再细分后推出了 Zilara 和 Ziva 两个品牌，前者为成人全包休闲度假需求定制，后者则为家庭全包休闲度假需求设计，可见其品牌细分已到极致程度。这两个品牌的酒店已在墨西哥和加勒比地区落地，并逐渐推广到全球。

这是一个问题——特色经营差异发展是酒店业发展到现阶段的一个趋势，阐述了追求特色与差异化的必要性及其发展的必然趋势。

7.5　酒店品牌 IP 化的三种主流做法

在个性化、主题性消费越来越强的驱动下，酒店需要更多的新玩法"抢夺消费者注意力"。跨界与大 IP 联手就是一种常见玩法。具体有三类：第一类是与主流 IP 合作；第二类是与 OTA 平台合作；第三类是自己打造 IP。

7.5.1　与主流 IP 合作

与已有的大 IP 合作是酒店品牌 IP 化非常重要的一种做法，当前已经有很多酒店，比如，尚美生活、首旅如家、布丁酒店及有戏电影酒店等都尝试这样做，并取得显著效果。

案例 8

尚美生活（原尚客优）集团是中国领先的旅游住宿连锁品牌运营商，业务涵盖经济型酒店、中高端酒店、民宿、白领公寓等产业。但它是酒店行业的后来者，其入局时，国内的酒店行业正处于竞争白热化阶段，在并不具备先发优势的情况下，凭借着借势大热 IP 成功逆袭。

尚美生活集团拥有尚客优、橙客、骏怡、A&A Room、尚客优品、兰欧、阿丽雅，以及民宿品牌花美时、公寓品牌 LIPPO 公社等。其旗下的兰欧与大英博物馆合作，成为最典型的做法。大英博物馆是全球四大博物馆之一，文创产品开发及市场反馈都处于行业领先者位置。一出手就是世界大 IP，尚美生活寻求"爆款"效应的心态不难想象。

除了尚美生活之外，还有首旅如家、布丁酒店、有戏电影酒店等，它们纷纷与 IP 合作，实现了品牌 IP 化的蜕变。

首旅如家联手的 IP 是奥飞娱乐旗下的三款动漫 IP——巴啦啦小魔仙、超级飞侠和贝肯熊，从空间设计、活动内容、运营方式等入手，围绕 IP 品牌设定故事线打造相应的主题住宿产品。

布丁酒店走的是"电影 IP"之路，相比之下略显简单，目前只合作了一部电影 IP——《动物世界》，没有太多噱头。而有戏电影酒店主打"电影 IP"，通过与中影集团以及国家数字音像传播服务监管平台合作，储备了 3000 部电影。在酒店整体装修上融入不同的电影主题和场景设置，包括服务人员都穿着电影服装，楼道变成电影长廊，提供一定的文化沉浸感。

与主流 IP 合作是酒店实现品牌 IP 化的一种有效策略，可以帮助品牌扩大影响力、增加用户群体，同时也可以提高品牌形象和知名度。主流 IP 通常拥有大量的粉丝和广泛的影响力，与其合作可以让品牌获得更多的曝光度和关注度，吸引更多的目标客人。

在选择合作 IP 时，品牌需要考虑以下几个因素：

❶ IP 的受众群体：要确保 IP 的受众群体与品牌的受众群体有较高的重合度，这样可以更好地扩大品牌的影响力。

❷ IP 的美誉度：要选择那些有着良好口碑和广泛认可度的 IP，这样可以提高品牌的美誉度和形象。

❸ 合作方式和范围：要明确合作的方式和范围，确保合作能够为品牌带来实际的收益和价值。

❹ 竞争情况：要考虑市场上其他品牌与该 IP 的合作情况，以确保自己的品牌在合作中能够获得独特的优势和差异化。

通过与主流 IP 合作，品牌可以更好地实现品牌传播和市场拓展的目标，同时也可以为用户带来更丰富、更高质量的产品和服务。

7.5.2　与 OTA 平台合作

OTA 是英文 online travel agency 的缩写，中文译为"在线旅行社"。这些平台一头对接酒店、航空公司、线下旅行社等供应商，获取大量旅游资源，另一头对接广大消费群体，提供线上服务。因此，OTA 平台被形象地理解为撮合供应商与广大消费者的"中间人"。既可以为供应商带来更多客源，也能更好满足消费者的多样化需求。

与 OTA 平台合作开新客房，是酒店打造品牌 IP 的一种重要方案，既能为酒店降低自行打造 IP 的成本，又能借力 OTA 平台扩大品牌影响力，可谓一举多得。

比如，已经有很多酒店与 OTA 平台合作，打造亲子房。合作形式有两种，一种是利用 OTA 平台自有的 IP 亲子房，比如，携程的游游亲子房、飞猪的萌猪亲子房、驴妈妈的驴小玩和海底小纵队亲子房等；另一种是在线旅游代理平台（OTA）与不同行业的 IP 合作，进而将产品推广至酒店业。

需要注意的是，在选用第二种合作方式的时候，酒店需要向 OTA 平台支付费用或提供相应的资源。以携程的"游游亲子房"为例，携程的亲子房使用权开放给酒店时，需要收取改造费用。另外，有一种不需要支付费用的合作方式，酒店则需要给携程提供特殊房价或独家渠道合作平台。

同样，驴妈妈亲子房也分为收费和免费两种。改造费用视酒店档次和房间标准而定，不同档次和标准费用也不同，高价格改造包括布草和软装，而低价格改造只包含软装。免费改造则需要酒店拿政策或者免费置换。与携程不同，驴妈妈选择酒店合作亲子房的标准有两条，一是好评率高，二是酒店同时具备度假和亲子两种属性。

7.5.3　自己打造 IP

现在是一个超级 IP 时代，无论普通人还是企业，只凭借势外部 IP 是不够的，还要打造自己的 IP。普通人做 IP 是想被更多人看到，提高收入，企业做 IP 是为销售产品、品牌曝光，节省销售成本。

案例 9

锦江白玉兰是锦江酒店（中国区）旗下的优选服务酒店品牌，旨在打造

→ 特色酒店经营管理 ←
赋予文化＋品牌联动＋精细管理＋社交营销

"酒店世界的人文咖，时尚生活的完美控"。其给人印象最深刻的是自创 IP 人物"玉先生和兰小姐"组合。

锦江白玉兰的 IP 打造思路可以分为三部分：

一是依据"玉先生和兰小姐"这对 IP 人物开发设计一些住宿过程中的茶叶、餐饮、杯子、丝巾等各种衍生品，可使用可售卖；

二是通过 IP 人物传递一种与消费者平等沟通和对话的理念，入住的客人和酒店的工作人员都是追求精致生活的"玉先生和兰小姐"们；

三是品牌新进驻一座城市时，以 IP 人物为代言人结合当地的人文特色和热点创造一些故事，这个过程既是对品牌的宣传，也是对 IP 人物的培育。

白玉兰凭借"玉先生和兰小姐"这对 IP 人物向消费者传递白玉兰的品牌精神，用 IP 人物追求精致生活的标准来做旅宿服务。

酒店要想扩大自身影响力，赢得更多客人关注，必须打造自己的 IP。IP 人物拟人化只是其中之一，随着越来越多酒店开始打造自己的 IP，形式越来越多。在打造自己的 IP 时，可以采取如表 7-5 所列的 8 个策略。

表 7-5　打造自己的 IP 时采取的策略

策略	具体内容
精准定位	明确酒店的品牌优势，做好定位和目标客群分析，为打造 IP 奠定基础
内容创作	创作有价值、有趣的内容，包括故事、视频、图片等，以吸引目标客群
社交营销	利用社交媒体平台，如微博、抖音、微信等，进行内容推广，提高酒店 IP 的知名度
优质服务	提供优质的服务和设施，给客人留下深刻的印象，并提高口碑传播率
投资支持	争取投资方的支持，为酒店 IP 打造提供资金保障，比如，星级酒店有更多的资源和资金来打造自己的 IP
人才引进	引进有创意、有经验的人才，为酒店 IP 打造提供智力支持
合作共赢	与产业链上下游企业合作，共同打造具有市场竞争力的 IP 项目
持续创新	不断推出新的 IP 项目和活动，保持客人的新鲜感和关注度

通过以上策略的实施，酒店可以打造出独具特色的 IP 品牌，提高市场知名度和竞争力。同时，也需要注意不断创新和优化，"酒店 +IP"呈现出的类型可谓各有千

秋，以满足市场的变化和需求。

例如，上海和平饭店是上海外滩万国建筑群的一个标志性建筑，建筑极具特色。它只需要放大并突出酒店客房建筑本身的稀缺性和特点，就可以引爆 IP。

同时，也可以打造历史 IP，因为曾接待过很多名人和外宾政要，因此也可以名人故居作为 IP 打造的切入点。

8

文化差异化:

文化铸就灵魂,
提升核心竞争力

→

酒店文化是指在长期经营过程中形成的具有独特个性、市场竞争力的内核竞争力。这种竞争力将成为酒店的巨大竞争优势。通过建设独特的酒店文化,提高服务质量和营销水平,加强管理和培训,可以铸就酒店灵魂,提升酒店核心竞争力。

8.1　追求文化认同，特色酒店的极致追求

文化贯穿古今，一直是热门话题，它以一种特殊的形式影响着企业的生存与发展。反过来讲，纵观那些优秀的企业都有其独特的文化。特色酒店的经营也是同样道理，要重视文化，将文化渗透到运营管理的各个环节之中，运用文化的力量影响酒店的发展。

文化是一个酒店的灵魂和独特卖点，一个具有文化特色的酒店不仅能够增加酒店本身的底蕴，为客人提供更加深入和有意义的旅游体验，还能够吸引客人，引起客人对文化的认同，进而对酒店提供的产品或服务高度认可。

首先，文化认同能够增强游客的归属感和参与感。当游客感受到酒店对当地文化的尊重和传承时，他们会更愿意融入当地的环境和文化中，从而增强旅游体验的深度和拓展旅游体验的广度。这种文化认同也可以帮助游客更好地理解当地的历史、风俗和生活方式，从而促进跨文化交流和理解。

其次，文化认同是酒店差异化竞争的重要手段。在酒店业竞争激烈的今天，许多酒店都在价格、设施和服务等方面进行竞争。然而，只有通过独特的文化特色，酒店才能真正脱颖而出。一家具有文化特色的酒店不仅能够吸引更多的游客，还可以通过提供独特的文化体验来提高游客的满意度和忠诚度。

最后，追求文化认同也是酒店可持续发展的需要。在旅游业快速发展的同时，也带来了一些负面影响，如文化同质化、环境破坏等。而通过尊重和传承当地文化，酒店可以更好地融入当地社区，促进当地经济发展和文化传承。这样不仅可以减少对当地环境的负面影响，还可以通过与当地居民的合作来实现酒店的可持续发展。

综上所述，追求文化认同确实是特色酒店的终极形态。通过增强游客的文化认同感、提高酒店差异化竞争力和促进可持续发展，特色酒店可以实现更高的商业价值和社会价值。

8.2　实现文化上的差异，定位是基础

酒店要实现文化上的差异，必须注重文化定位，发掘酒店所在地的文化特色和

内涵，将当地文化融入酒店设计中，形成独特的文化风格。这样可以提高酒店的文化价值，吸引更多文化旅游者和文化爱好者。

8.2.1　文化有定位，酒店才能走得更远

酒店文化定位是酒店文化建设中非常重要的一环，它不仅关系到酒店的品牌形象和市场定位，还涉及服务人员的工作态度和服务质量。因此，酒店需要对自身文化有清晰的定位。

文化定位是一个重要的概念，它涉及如何将一个品牌或产品与特定的文化价值观、理念或风格相关联，以吸引目标受众并建立品牌形象。

不过，文化定位是一项十分复杂的工作，需要注意的事项较多，一般有如图8-1所示的4点。

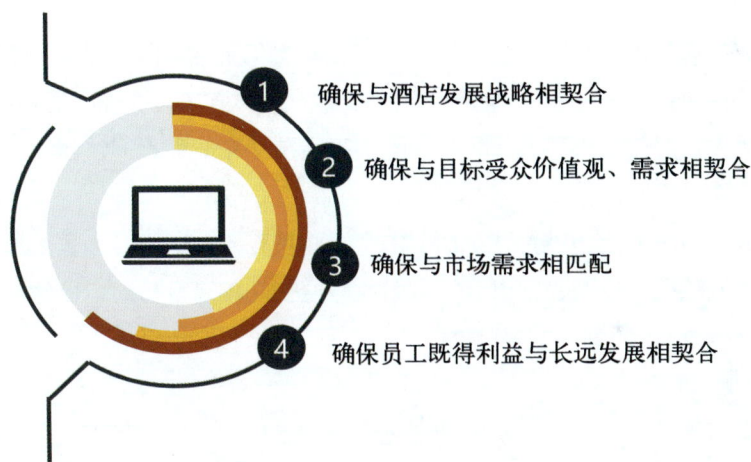

1　确保与酒店发展战略相契合

2　确保与目标受众价值观、需求相契合

3　确保与市场需求相匹配

4　确保员工既得利益与长远发展相契合

图8-1　文化定位的注意事项

（1）确保与酒店发展战略相契合

对于高端豪华酒店来说，其文化定位应该强调尊贵、奢华和品质；对于时尚酒店来说，其文化定位应该注重时尚、艺术和创意；对于亲子酒店来说，其文化定位应该突出温馨、舒适和安全。

（2）确保与目标受众价值观、需求相契合

在定位过程中，需要深入了解目标受众的文化背景和价值观，以便将品牌或产

品与这些因素相契合。如果与目标受众的文化背景和价值观不符，可能会导致品牌形象受损。

（3）确保与市场需求相匹配

对于目标客人群体不同的酒店，其文化定位也应该有所区别。例如，对于商务酒店来说，其文化定位应该注重高效、专业和服务；对于度假酒店来说，其文化定位应该强调休闲、放松和体验。

（4）确保员工既得利益与长远发展相契合

良好的酒店文化可以激励员工积极工作、热情服务，提高客人的满意度和忠诚度。因此，酒店需要通过培训和教育来培养员工的职业素养和服务意识，以提升服务质量。

> **案例 1**
>
> 万豪酒店集团是全球知名的酒店集团，其文化定位是以"以人为本"为核心。在万豪酒店，员工被视为最宝贵的资源，为了给客人提供高质量的服务，酒店十分注重员工培训和教育，帮助他们提高技能和能力，通过各种方式激励员工的工作积极性和创造力。
>
> 同时，万豪酒店也特别注重员工的个人成长和职业发展，为员工提供合理的工作时间和福利待遇，提供良好的职业发展空间和晋升机会，使他们能够在工作中充分发挥自己的才能和潜力。

万豪酒店集团以"以人为本"的文化定位，不仅提高了员工的工作积极性和创造力，还为酒店赢得了良好的口碑和市场认可。

总之，酒店文化定位是酒店运营中非常重要的一环，需要认真分析市场需求和竞争环境，制定符合自身特点的文化定位策略，以提高酒店的品牌形象和市场竞争力。

8.2.2　文化定位的三大内容

酒店文化定位非常重要，那么，酒店经营者具体应该如何做呢？可以从以下 3 个方面入手。

（1）文化元素定位

文化元素是组成文化的主要部分，能够代表文化的内涵和价值观。不同的文化需要不同的元素来体现。换句话说就是，通过不同的元素组合，无形的文化可以转化为实实在在的、看得见的东西。

因此，酒店经营者在进行文化定位时，要先做好文化元素定位。所谓文化元素定位是指酒店在构建自身文化时，需要先确定一系列的文化元素，并加以明确。这些文化元素通常包括如表8-1所列的10个方面。

表8-1 酒店文化定位包含的文化元素

元素	具体内容	举例
价值观	价值观是文化的核心，它代表酒店对员工、客人和社会的态度和承诺	甲酒店注重"诚信、尊重和卓越"，乙酒店注重"创新、时尚和个性"。这就是价值观的不同，相应的文化也会大相径庭
品牌形象	品牌形象是酒店文化的外在表现，它通过设计、建筑、装饰、广告和营销活动等传达给外界	有些酒店采用豪华、高贵的设计风格，而另一些酒店可能追求现代、简约的时尚感。这就是品牌形象的不同，它展示出的东西、给人的感觉也不同
工作环境	酒店的工作环境是酒店文化的重要元素	有些酒店可能提供舒适、安全的工作环境，而有些酒店可能更注重创新、挑战的工作环境
沟通方式	上下级、平级之间，以及与客人之间的沟通方式是酒店文化的重要元素	一些酒店可能注重正式、专业的沟通方式，而另一些酒店可能更喜欢非正式、亲昵的交流风格
领导风格	领导风格也是酒店文化的另一个重要元素	酒店领导需要展示与酒店价值观和品牌形象一致的行为和态度，具备决策能力和人际交往能力，能够激发员工的热情并为客人提供优质服务
员工文化	员工文化包括员工的招聘、培训、福利、激励等方面，这些方面都会影响员工的工作态度和服务质量	一些酒店可能提供全面的员工培训计划，以提高员工的服务水平和职业发展机会，而另一些酒店可能提供丰厚的福利待遇，以激励员工更好地为酒店工作
客人体验	客人体验包括酒店的客房、餐厅、健身房、游泳池等设施以及酒店的服务质量	一些酒店可能注重提供个性化的服务，以满足客人的不同需求，而另一些酒店可能注重提供高质量的美食和服务，以提升客人的满意度
服务理念	酒店应该明确自身的服务理念，并确保员工能够理解和遵循这些理念	一些酒店可能注重提供快速、高效的服务，而另一些酒店可能更注重提供个性化、贴心的服务

元素	具体内容	举例
品牌故事	通过讲述品牌故事来传达自身的价值观和品牌形象	酒店可以分享其发展历史、创办理念或标志性事件，以激发客人的共鸣
仪式、活动	酒店可以创建一些仪式和传统来强化自身的文化	一些酒店可能在员工入职、晋升或者客人生日等特殊时刻举行庆祝活动，以增强员工归属感和客人忠诚度

总之，酒店文化元素定位是构建酒店文化的重要环节，它需要明确和塑造一系列的文化元素，以代表酒店的文化价值观和品牌形象。这些文化元素能够强化酒店的品牌形象，提高员工的归属感和客人的忠诚度，从而提升酒店的竞争力。

（2）文化设计定位

酒店文化设计定位是酒店文化定位的重要组成部分，它主要涉及酒店的文化主题、文化特色、文化形象等方面的设计。如图 8-2 所示是酒店文化设计定位中的 5 方面内容。

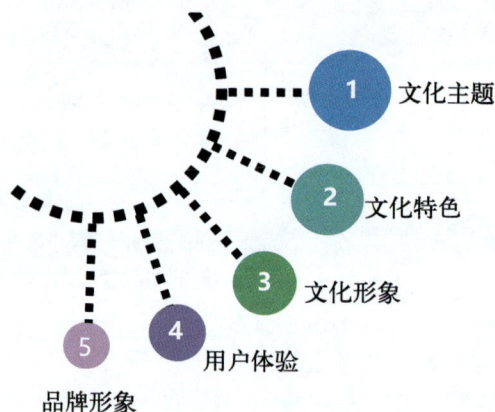

图 8-2　酒店文化设计定位涉及的 5 方面内容

❶ 文化主题。酒店根据自身的地理位置、历史背景和目标客人群体等因素来确定自身的文化主题。例如，一些酒店可能以当地的历史文化为主题，而另一些酒店可能以当代艺术为主题。

❷ 文化特色。为了与竞争对手区分开来，酒店应该注重自身的文化特色。例

如，一些酒店可能注重环保和可持续发展，采用绿色设计和可再生材料来营造一种环保的文化氛围，而另一些酒店可能更注重艺术和文化，在装饰和设计中融入当地的艺术和文化元素。

❸ 文化形象。酒店文化形象是酒店文化的外在表现之一，酒店应该通过统一的文化形象来强化自身的文化定位，例如通过视觉识别系统来统一酒店的标识、色彩和图案等元素。

❹ 用户体验。酒店文化设计定位还应该考虑到用户体验。通过在设计中注重用户体验，可以让客人更好地感受到酒店的文化氛围和品牌形象。例如，通过在客房设计中注重舒适度和功能性，可以让客人感受到酒店的关怀和服务。

❺ 品牌形象。酒店文化设计定位应该与自身的品牌形象相符合。例如，高端豪华的酒店应该注重在设计中体现高贵和奢华感，而年轻时尚的酒店应该注重在设计中体现活力和创意。

（3）文化体验定位

良好的体验源于明确的定位，定位明确了，体验感自然会上升。然而，什么是酒店文化体验定位呢？通常是指酒店在为客人提供住宿、餐饮等基本服务时，再通过新颖的设计、独特的格局，或其他方面的特色，使客人感受到酒店独特的文化氛围和价值观。

酒店文化体验通常包括如图8-3所示的5方面内容。

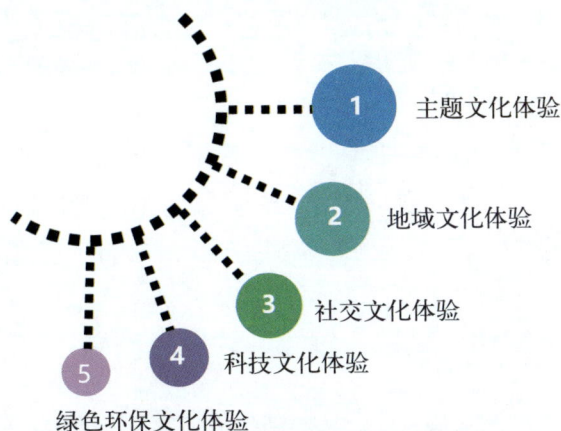

1 主题文化体验
2 地域文化体验
3 社交文化体验
4 科技文化体验
5 绿色环保文化体验

图8-3 酒店文化体验包含的内容

❶ 主题文化体验。酒店根据自身的品牌形象和价值观，设计出独特的主题文化体验。例如，一些酒店可能以艺术、音乐、电影等为主题，提供相应的文化体验项目，使客人能够感受到酒店独特的文化氛围。

❷ 地域文化体验。酒店可以利用所在地的地域文化特色，为客人提供独特的文化体验。例如，一些酒店可能提供当地特色美食、手工艺品或文化活动，使客人能够深入了解当地的文化和历史。

❸ 社交文化体验。酒店通过设计一些社交活动，为客人提供互动和交流的平台。例如，一些酒店可能组织社交聚会、主题派对或其他活动，使客人能够结交新朋友，分享彼此的故事和经历。

❹ 科技文化体验。酒店利用科技手段，为客人提供独特的文化体验。例如，一些酒店可能提供虚拟现实体验、智能家居等科技设施和服务，使客人能够感受到科技带来的便捷和乐趣。

❺ 绿色环保文化体验。酒店通过注重环保和可持续发展，为客人提供绿色环保的文化体验。例如，一些酒店可能采用可再生能源、减少塑料使用、支持环保组织等措施，使客人能够感受到绿色环保的重要性。

总之，酒店文化体验定位需要结合酒店的品牌形象和价值观，设计出独特、有趣的体验项目和活动，使客人能够感受到酒店独特的文化氛围和价值观。这些文化体验定位策略可以根据酒店的品牌形象和目标客人群体进行调整和优化，以提供更好的服务和体验。

8.3　特色酒店常见文化元素

特色酒店不仅仅是一个提供住宿的地方，它更是一个充满独特文化气息的空间。这些酒店通过融入各种文化元素，比如，客人至上文化、亲情文化等，这些文化元素不仅丰富了客人的住宿体验，也促进了酒店与当地文化的交流和融合。

8.3.1　客人至上文化：给客人惊喜，让客人感动

要求员工走出刻板的服务方式，转换角色，用客人的情绪、情感体验客人的需求，用心、用情关照客人，提供最优服务，让客人感到来酒店比在自己家里更舒适、

更方便、更富有人情味儿，是充满亲情的"家外之家"。

优质服务的评判权在客人，没有给客人留下可以传颂故事的服务就是零服务，创造优质服务的 3 个层次：让客人满意、让客人惊喜、让客人感动。酒店服务 3 个层次的内容如图 8-4 所示。

图 8-4　酒店服务 3 个层次的内容

第一个层次——用心去做事，让客人满意。向客人提供个性化服务，使客人感到处处有关心，事事有关照，挖掘客人潜在需求，并且在客人提出要求之前及时识别他们的潜在需求，这样才会让客人满意。

第二个层次——把客人当亲人，让客人惊喜。以积极热情的态度，合乎规范和标准的服务，对客人提出的常规的基本的需求通过规范化、标准化服务，及时准确地给予满足，保证服务的有效性。向客人提供及时、规范、标准的服务，提供安全可靠的产品和用品，热情对待每一位客人，让客人感到受尊重、被重视、被理解和享受舒适。

第三个层次——为客人解决问题，让客人感动。当客人遇到困难，自己难以解决或无力解决，且完全是酒店服务范畴以外的事时，被服务人员听到、看到后，及时给予帮助解决，给客人特殊化、亲情化的服务。

让客人惊喜，用心去做事。客人就是亲人，就是家人。在生理感受和心理感受上都超出客人的预期值，达到双满意。超常超值，投入情感。在提供个性化服务的基础上提升客人满意的层次，用超值服务感动客人，用服务情感打动客人。让客人感动，就必须用情服务，在服务过程中，时时处处动之以情，用亲情交换亲情，让心灵沟通心灵。比如，嘘寒问暖、扶老携幼，为客人排忧解难、救急救险，义务性的额外投入，等等，这些都是服务的深层内涵，也是服务的最高境界。

8.3.2 亲情文化：把"客人"当作"家人"来呵护

一流企业做文化，二流企业做服务，三流企业做产品，要想在竞争中取胜，做好文化非常重要。酒店要有自己的灵魂才能走得更稳、更远，而这个灵魂就是自身独有的主题文化。亲情是拉近人与人之间距离最好的手段，在商业化的今天，在酒店管理中注入人文关怀，亲情服务，无疑是最具竞争力的。

因此，亲情文化是现代酒店中常会打造的一种文化，为了吸引客人，很多酒店都会着重打造家庭氛围感，尤其是民宿酒店、精品酒店，有专门主打亲情文化的酒店。而且为了增强这种文化体验，酒店经营者会采用多项措施。

（1）打造家庭式的氛围

亲情文化的核心就是家庭式的氛围，酒店要通过多种手段为客人营造感染力强的家庭氛围感，让客人就像住在家里一样。

家庭式的氛围主要体现在吃、住和对周边环境的感受上，具体内容如图 8-5 所示。

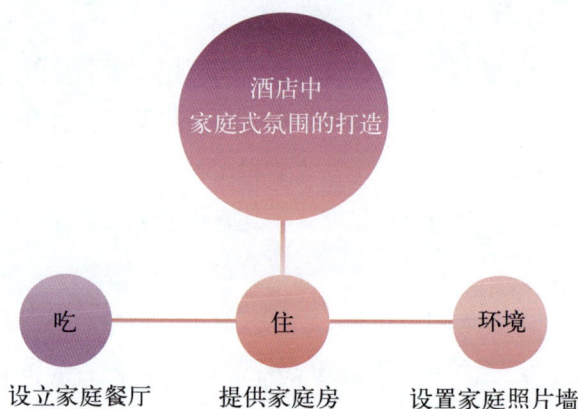

图 8-5　酒店打造家庭式氛围的做法

❶ 吃。设立一个家庭餐厅，提供适合全家老小的食品和饮品，同时该餐厅可以装饰成家庭风格，例如有孩子友好的环境等。

❷ 住。提供家庭房，为家庭提供专门的客房，并在家庭房中加入一些家庭元素，让房间更有家庭氛围。比如，配有两张大床或者一张大床和一张小床，配备儿童床铺、婴儿椅、儿童玩具等。

❸ 环境。环境的打造要有家庭氛围感，最典型的做法是设置家庭照片墙，鼓励客人在墙上展示他们的家庭照片，以此增强家庭成员之间的联系。

（2）家庭消费优惠

为吸引更多以家庭为单位的客人，酒店可以专门提供一些针对家庭的消费服务或优惠活动，例如，免费提供老人餐、儿童餐，或者针对家庭推销优惠活动，如家庭套餐、家庭房折扣、赠送"家庭礼包"（包含洗漱用品、拖鞋、毛巾等日常用品的礼包，或者包含儿童用品的礼包）等。

（3）家庭娱乐设施

在酒店中设置一些适合全家使用的娱乐设施，如健身房、游泳池、游戏室等。

（4）定期组织家庭活动

酒店要定期组织家庭活动，例如，亲子运动比赛、烹饪比赛、手工艺品制作比赛等。这些活动可以帮助家庭成员之间增强互动和联系。

（5）家庭关怀服务

为家庭提供关怀服务，例如，为儿童提供专门的床铺、玩具、读物等，或者为老年人提供一些便利设施和服务。

以上这些措施都可以帮助酒店打造亲情文化的品牌形象，让客人在旅途中感受到家的温暖、舒适及亲情的存在。

总之，企业发展的灵魂来自先进的企业文化，先进企业文化的力量源泉是坚持创新、追求超越，酒店文化的发展和壮大需要管理者与企业文化建设工作者不墨守成规、坚持创新，不断思考、探索，不断创新、总结、提炼，形成个性的、先进的企业文化理念。先进的企业文化对企业的发展具有深远的指导意义。酒店要想在激烈的竞争中取胜，必须坚守自己的文化。

8.3.3 利益文化：绝不让客人吃亏，真心实意待客

利益文化是一种重要的价值观，它强调在商业交易中应该尊重和保护各方的利益。在企业经营活动中，让客人吃亏是不可取的，因为这会损害公司的声誉和长期利益。相反，通过提供高质量的产品和服务，以及公平的价格和交易条件，酒店可以建立长期的客人关系并赢得客人的信任。

"利益文化，不得让客人吃亏"这句话体现了对客人的高度尊重和关心，强调了企业的价值观和经营理念。这种理念有助于建立良好的客人关系，提高客人的满意度，进而促进企业的长期发展。

　　首先，"利益文化"意味着酒店追求的是一种平衡的利益分配方式，既包括酒店的利益，也包括客人的利益。酒店不应该只关注自身的利益，还应该注重与客人建立互利共赢的关系，通过提供优质的产品和服务来满足客人的需求，从而实现酒店的长期发展。

　　其次，"不得让客人吃亏"是一种对客人的承诺和保障。酒店应该始终站在客人的角度思考问题，为客人着想，确保客人的利益不受损害。如果客人因为酒店的产品或服务而受到损失，酒店应该承担相应的责任，积极采取措施解决问题，以维护客人的权益和酒店的声誉。

　　这种经营理念有助于酒店树立良好的形象和口碑，吸引更多的客人。客人满意度和忠诚度的提高，将有助于酒店在激烈的市场竞争中获得更大的优势。

　　此外，利益文化也强调公司应该遵循道德和法律规定，以及商业伦理和行业标准。公司应该避免任何形式的误导或欺诈行为，而是通过诚实、透明和公正的方式开展业务。

　　总之，"利益文化，不得让客人吃亏"是一种积极向上的经营理念，是一种重要的商业价值观，体现了酒店的高度责任感和对客人的尊重与关心。有助于建立长期的客人关系，赢得客人的信任并保持商业成功。只有真正做到这一点，酒店才能实现长期可持续发展，赢得更多客人的信任和支持。

9

服务个性化：
满足客人需求，
打造独特体验

现在各行各业都在讲"体验"，对于以卖"服务"为主的酒店而言更应该提升体验、优化体验。提升和优化体验最有效的途径就是追求服务的个性化。服务个性化，是指通过深入了解客人的喜好和需求，提供更加贴心、舒适的服务，让客人感受到无与伦比的体验。

9.1　酒店服务迎来"个性化"时代

酒店的服务大致经历了两个发展阶段，一个阶段是批量生产的服务，已成过去；另一个阶段是有针对性推荐服务，带有极强的个性化、私密性，这种服务正在全面来袭，在不久的将来，将会取代批量式服务。

9.1.1　酒店个性化服务与整个服务体系

酒店个性化服务，指的是在规范化服务的基础上，根据每位客人的个性需求，对服务要素进行灵活拆分与重组，从而提供更为贴心和优化的服务体验。这一服务模式的核心在于为每位客人打造独一无二的服务方案，以满足其特定的需求。

举例来说，当客人皮鞋不洁时，酒店可以提供擦鞋服务；当携带儿童的家庭入住时，酒店可以配备宝宝椅、儿童餐具和玩具；对于醉酒的客人，酒店可以主动送上一杯蜂蜜水以助解酒；对于怕冷的客人，酒店可以提供披肩或外套以增添温暖。这些细致入微的服务措施，正是酒店个性化服务的体现。

个性化服务在酒店业中扮演着举足轻重的角色。那些受到客人青睐的酒店，往往是因为能够提供高水平的个性化服务。个性化服务的质量越高，对客人的吸引力就越大，从而成为推动酒店业务增长的重要驱动力。然而，尽管个性化服务的理念被广泛提及，但真正能够将其落到实处的酒店并不多见。这主要源于一些酒店对个性化服务缺乏足够的重视，或者受到客观条件的限制，无法提供个性化的服务。

在深入了解个性化服务之前，首先需要了解传统服务的概念。传统服务通常指采用批量处理的方式，为客人提供标准化、无差别的服务。与之相比，个性化服务则更加注重细节，能够根据客人的个人需求提供差异化的服务体验，从而带给客人一种独特的满足感。个性化服务作为酒店服务体系的重要组成部分，既隶属于整个服务体系的范畴，又在某种程度上超越了普通服务，成为对普通服务的一种提升和凝练，为客人提供更加增值的服务体验。

个性化服务与普通服务的相同之处与不同之处分别如表 9-1、表 9-2 所列。

表 9-1 个性化服务与普通服务的相同之处

相同处	具体内容
理解客人需求	个性化服务与普通服务的共同目标是相同的，即理解客人的需求并提供满足这些需求的解决方案。客服人员通过与客人进行有效沟通，了解他们的偏好、问题和诉求，从而提供个性化的支持和服务
建立良好的客人关系	个性化服务与普通服务都致力于建立和维护良好的客人关系。客服人员通过关怀、耐心和专业的态度，与客人建立积极的互动，并提供个性化的服务，从而增强客人满意度和忠诚度
数据驱动决策	个性化服务与普通服务都需要使用客人数据。客服人员可以通过分析和利用客人数据，了解客人的购买历史、偏好和行为，以更好地理解他们的需求，并为其提供个性化的服务和支持
持续改进和创新	个性化服务与普通服务都需要不断改进和创新。通过定期收集客人反馈和评估市场变化，客服团队可以调整和改进服务策略，以提供更加个性化的服务，满足客人不断变化的需求

表 9-2 个性化服务与普通服务的不同之处

不同处	具体内容
对客人需求的理解程度不同	个性化服务更注重对客人需求的深入理解，即通过收集、分析客人数据，了解客人消费偏好、消费行为，以提供与其独特需求相匹配的服务方案。普通服务更注重提供标准化的服务和支持，以解决客人购买前后所遇到的问题
服务定制依据不同	个性化服务是根据客人的独特需求，提供定制化的服务。个性化服务能够根据客人偏好、历史交互和个人情况，为其提供个体化推荐解决方案。相比之下，普通服务提供的标准式解决方案适用于大多数常规情景
互动方式不同	个性化服务通常需要更深入互动和沟通。客服人员需要与客人建立亲密联系，了解其需求，并确保提供个性化服务。而普通服务可能更多地依赖于快速回答问题或提供基本支持，不需要同样程度的互动和沟通
目标和策略不同	个性化服务的目标是提供与每个客人的独特需求相匹配的解决方案，以提高客人满意度和忠诚度。因此，个性化服务通常采用差异化的策略和方法，以满足不同客人的要求。相反，普通服务目标是提供标准化解决方案，以尽可能高效地解决客人问题
为客人提供的解决方案不同	个性化服务是针对每个客人的独特情况，并提供相应的服务，以满足其个性化的需求，而普通服务是针对客人存在的普遍问题进行解决，并提供技术、能力支持

综上所述，个性化服务与普通服务是相互关联的。客服工作为个性化服务提供了基础，通过了解客人需求、提供定制化建议和解决问题来实现个性化服务。在这个过程中，客服人员扮演着重要的角色，通过与客人的互动和合作，为其提供满足其个性化需求的解决方案。

总之，个性化服务与普通服务的区别在于对客人需求的理解程度、服务定制程度、互动方式、数据驱动决策以及目标和策略的不同。个性化服务注重个体化需求的满足，而普通服务更注重大众沟通需求的满足。

9.1.2　个性化服务的显著特点是"针对性强"

个性化服务是酒店随着客人需求多元化而制定的一种新服务形态。是在标准化基础上，结合客人多样化需求，通过丰富内容、改善细节、优化流程等方式，有针对性地满足客人特殊需求的一种方式。

个性化服务的显著特点是"针对性强"，这里的针对性包括两个层次，如图9-1所示。

第一个层次
针对客人　　1　个性化服务针对性特点的层次　　2　第二个层次
针对需求

图9-1　个性化服务针对性特点的两个层次

（1）第一个层次：针对客人

第一个层次称为"双特"个性化服务，是针对特别客人的特别需求。特别客人是指酒店的重点客群。

案例1

以某高档餐饮企业为例。该餐饮企业建立了较丰富的客人档案。从客人姓名、工作单位，到菜肴口味偏好、菜肴喜好禁忌、用餐习惯等方面收集了详尽的资料。

打个比方，客人 A：餐前小馄饨、冻鱼、冰糖蜂蜜水、河豚不放蔬菜；

客人 B：喝白开水、喜吃掌翼；

客人 C：喝屈臣氏苏打水，开胃小碟需要剁椒、蒜泥油碟，菜肴不放糖；

客人 D：喜欢橄榄油拌茄丝。

每当得知客人来用餐时，该包厢负责主管、服务员都能针对该客人开展有针对性的服务。

（2）第二个层次：针对需求

第二个层次可以称为"一特"个性化服务，是针对普通客人的特别需求，是"双特"个性化服务的一种补充。

个性化服务不仅为特殊的客人而定，还包括普通的大众客人。大众客人也是有特殊需求的，针对这部分客人需要制定细致入微的服务。

比如，为喜欢吃甜食的客人豆浆里加白砂糖；为感冒的客人主动泡上姜茶；听口音客人可能是四川人，主动叫一份辣椒；客人小孩哭得比较厉害，及时到吧台找小玩具等。

实践证明，这是非常有效的，尤其是客人临时、突发提出的一些需求。接受服务的客人并不是原有需求，但在特定时间产生了个性化需求，此时，如果能提供针对客人的准确到位的个性化服务，客人将终生难忘。

毋庸置疑，企业开展个性化服务，其客人忠诚度和满意度会在该地区遥遥领先，也会取得不错的经济收益及良好的社会影响。

9.2 个性化服务的精髓：打造差异化服务体验

个性化服务关键是打造差异性，因为只有与众不同的服务才能吸引和留住客人。比如，通过深入了解客人需求、不断创新和差异化、注重客人反馈和互动等方面的工作，可以提供更好的个性化服务和体验，从而赢得客人的信任和支持。

9.2.1 差异性服务，展现特色酒店"特色"

随着酒店行业的发展壮大，越来越多的酒店开始实行连锁加盟的形式，随之而来的就是大批量、标准化的操作。服务标准化可以使客人得到比较满意的服务，但唯有差异化，才能让服务更超值、更难忘。

> **案例 2**
>
> 北京王府半岛酒店坐落于繁华都市中心，尽显尊贵豪华之姿，更以其独特魅力，为宾客营造了一个如梦如幻的奇妙世界。酒店大堂内，热情周到的服务人员以微笑和真诚迎接每一位宾客，他们深入了解宾客需求，提供个性化的服务，确保每位宾客都能在此体验到前所未有的尊贵与舒适。
>
> 客房布置温馨雅致，餐饮选择精致美味，无论是商务出差还是休闲度假，王府半岛酒店都能满足宾客的需求。此外，酒店还提供了多种特色住宿套餐，让宾客在旅途中找到最符合心意的住宿方案。无论是与家人共度美好时光，还是与商务伙伴展开紧密合作，或是与恋人共度浪漫之夜，王府半岛酒店都能为宾客带来完美的体验。
>
> 除了提供优质的住宿体验，王府半岛酒店还注重宾客的精神享受。酒店定期举办各类文化活动，邀请知名艺术家和学者与宾客分享智慧与见解，让宾客在旅途中不仅能欣赏美景，还能丰富自己的精神世界。
>
> 王府半岛酒店的服务理念始终贯彻"超越预期"的原则，无论是硬件设施的完善还是软件服务的升级，酒店都力求在细节上做到极致。在这里，宾客不仅能享受到高品质的服务，还能感受到酒店对每位宾客的关怀与尊重。
>
> 此外，王府半岛酒店还提供了 24 小时私人管家服务，让宾客在探索酒店各项设施和活动的过程中，发现更多隐藏的惊喜。无论是放松身心的水疗中心、美容美发中心，还是各类主题活动，都能为宾客带来前所未有的愉悦体验。
>
> 北京王府半岛酒店以其独特的魅力、优质的服务和丰富的活动，成为令人难以忘怀的旅程中不可或缺的一部分。在这里，宾客将享受到最优质的服务和最独特的体验，让宾客的旅程变得更加美好和难忘。

差异化服务是酒店根据客人的需求和偏好，提供具有区别性的服务和产品，以提升客人的满意度和忠诚度。差异化已经成为酒店运营的战略，关键在于提供与竞争对手不同的差异化产品或服务。比如，有形产品差异化、无形服务差异化以及营销策略差异化。

一是有形产品差异化。这一层面包含客人在服务消费过程中接触或使用的环境和具体物品，如建筑风格、内部装饰、环境氛围、餐饮设施、员工形象、食物的色香味等。通过这些，客人可以初步了解该酒店的品牌形象。

二是无形服务差异化。无形差异化主要体现在服务模式、主题文化及服务活动中。

三是营销策略差异化。营销策略是指采取有别于其他经营者的营销手段。差异化的营销策略要借助整合营销，围绕某一差异点推进营销创新。差异化的营销策略，必须有独特和系统的营销主题及相应的活动加以体现。

这里重点阐述服务的差异化，那么，酒店有哪些差异化服务呢？一般而言，可以体现在如图 9-2 所示的 4 个方面。

图 9-2　服务差异化的 4 个体现

（1）私人服务

根据客人的需求和偏好，提供个性化的服务，如房间布置、餐饮偏好、交通安排等。这种私人服务可以增强客人对酒店的印象和满意度。

（2）增值服务

提供附加值服务，如免费洗衣、礼宾服务、商务中心等，以满足客人的不同需求。这种增值服务可以提高客人的忠诚度和回头率。

（3）情感服务

通过酒店员工与客人的情感交流和互动，让客人感受到关心和温暖。这种情感服务可以增强客人对酒店的信任和口碑传播。

（4）会员权益

为会员客人提供专属的权益和优惠，如积分累计、免费升级、生日礼物等。这种会员权益可以提升客人对酒店的忠诚度和满意度。

9.2.2　差异化服务来自客人的关系定位

差异化服务打造极强竞争力，这往往也是特色酒店的重要"特色"之处。那么，差异化从哪里来呢？最根本就是要确定与客人的关系。酒店与客人关系的定位主要有 4 种模式，具体如图 9-3 所示。

图 9-3　酒店与客人关系的定位

（1）服务与被服务关系

客人到酒店购买的是酒店的服务产品，他们需要得到方便、快捷、个性化的服务。酒店则需要根据客人的需求，提供相应的服务产品，以提升客人的满意度和忠诚度。

（2）朋友关系

在客人入住酒店的过程中，酒店与客人双方通过相互间的理解与合作，容易在彼此之间留下较为深刻的印象，容易结下友谊。这种朋友关系可以为酒店带来口碑效应和更多的客源。

（3）合作伙伴关系

酒店与客人之间也可以建立合作伙伴关系，如商务客人和旅游客人等。这些客人通常需要酒店提供更为个性化的服务和优惠政策，以保持客人的忠诚度和满意度。

（4）长期客人关系

对于长期客人，如商务合作伙伴、星级会员等，酒店应提供个性化的服务和优惠政策，以保持客人的忠诚度和满意度。这种长期客人关系可以为酒店带来稳定的客源和收益。

9.3 酒店个性化服务的"修炼"

服务形象是特色酒店个性化服务的重要体现之一。要想为客人提供个性化服务，首先要自我修炼，打造独特的服务形象，给客人以不一样的印象和独特感受。这也是酒店在激烈竞争中脱颖而出的关键。

9.3.1 修炼独特的服务形象

服务形象大致包括两个方面的内容，一个是服务本身，另一个是服务提供人员，具体如图 9-4 所示。特色酒店在打造独特服务形象时，也要从这两个方面出发。

☑ 服务本身
通过收集和分析客人数据，了解客人的需求和偏好，从而提供个性化的服务。通过创新服务项目，来提供独特的个性化服务

☑ 服务提供人员
在充分了解客人需求基础上，为他们提供量身定制的服务，或者注重服务流程规范化和标准化，确保服务的高质量和高体验

图 9-4　打造独特服务形象时应注重的两个方面

（1）注重服务本身

通过收集和分析客人数据，了解客人的需求和偏好，从而提供个性化的服务。例如，通过分析客人在酒店住宿期间的喜好和习惯，提供定制化的房间服务、餐饮服务等。再例如，通过创新服务项目，来提供独特的个性化服务，定制旅游线路、

艺术展览等，以满足客人的不同需求。

总之，在服务过程中，需要从客人角度出发，先了解需求，然后再不断优化服务流程和设施，优化客人体验。

（2）注重服务提供人员的素养

注重服务提供人员的选拔和培训，包括员工的形象、服务态度、专业素养等，提高他们的专业素养和服务技能，确保他们能够高质量地将服务传递给客人。

优质的员工培训是提供个性化服务的关键。个性化服务需要员工具备专业的服务技能和良好的沟通能力。因此，需要对员工进行全面的培训，确保他们能够提供高质量的个性化服务。

在对员工进行服务形象塑造方面，除了技能、能力培训外，还可以采用其他措施。例如，注重服务人员的仪表和言谈举止，提高他们的专业素养和形象气质；制定统一的服务标准和操作流程，让员工在服务中能够有章可循；可以提供专业的服务培训和技能提升课程，让员工不断提高自己的服务水平和服务质量。

服务形象的打造是一个综合过程，需要从多个方面进行考虑和实施。这些方面除了以上两个方面，还可以从如图 9-5 所示的 5 个方面入手。

建立客人档案

创新服务项目

建立口碑和品牌形象

与客人保持良性沟通

合理利用技术手段

图 9-5　打造独特服务形象的 5 个方面

❶ 建立客人档案：为每位客人建立详细的档案，记录他们的需求和偏好，以便提供个性化的服务。

❷ 创新服务项目：根据客人需求和酒店特点，不断创新服务项目，提供独特的个性化服务，例如，提供定制化的旅游线路、艺术展览等服务。

❸ 建立口碑和品牌形象：通过优质的服务和客人体验，建立良好的口碑和品牌形象，吸引更多客人前来入住。

❹ 与客人保持良性沟通：通过多种渠道与客人保持联系，了解他们的需求和反馈，不断改进服务质量。

❺ 合理利用技术手段：利用现代技术手段，如人工智能、大数据等，提高服务效率和质量，为客人提供更好的个性化服务。

总之，打造个性化服务形象是酒店业发展的必然趋势。而酒店个性化服务形象的打造又需要从多个方面入手，以全面满足客人需求，提高客人体验。

9.3.2 打造全心全意的"心"服务

所谓"心"服务，是一种"以用户为中心"的全方位服务模式。这种服务模式以深入理解用户需求为前提，通过持续收集用户反馈、分析使用数据，不断优化产品功能和服务体验。旨在为用户提供更加贴近心理和实际需求的服务，让用户享受到更优质的体验和更加周全的关怀。

"心"服务是一个涵盖广泛的概念，需要结合具体场景和背景来深入理解。对于特色酒店而言，要实现优质的"心"服务，必须建立一套科学的服务流程。以下是酒店经营者在构建"心"服务过程中普遍采取的 6 种做法，如图 9-6 所示。

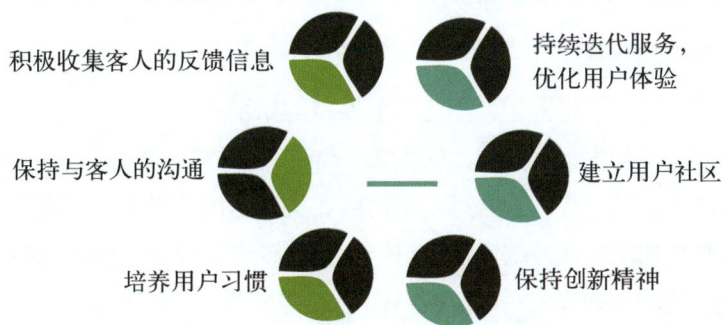

图 9-6　酒店"心"服务构建的 6 种做法

（1）积极收集客人的反馈信息

酒店经营者需指派专人，通过调查问卷、在线聊天、电话访谈等方式，主动收集用户的反馈信息。同时，也要关注客人的行为数据、点击率、转化率等，以便更全面地了解客人的需求和痛点以及他们对服务的满意度。

（2）持续迭代服务，优化用户体验

在收集和分析客人的反馈信息和数据后，酒店经营者应根据这些信息不断迭代服务，通过更新服务版本、优化功能等方式，满足客人的需求并提升产品性能。在迭代过程中，应密切关注客人的反馈和数据，以确保服务质量的持续提升。

（3）保持与客人的沟通

酒店应通过定期举办线上或线下活动、建立客人社区、参与社区讨论等方式，加强与客人的互动沟通。这有助于深入了解客人的需求和问题，并及时传递产品的更新和改进信息，从而增强客人对产品的信任度和忠诚度。

（4）建立用户社区

通过创建用户社区，酒店可以更好地了解客人的需求和反馈，同时为客人提供一个交流和分享的平台。在社区中，客人可以分享使用经验、提出建议和意见，酒店则可以通过发布产品更新、回复客人问题等方式与客人保持互动和沟通。

（5）培养用户习惯

酒店应通过优化服务功能和体验，逐步引导客人形成使用习惯。这包括引导客人使用核心功能、提供个性化推荐和服务、建立习惯性的使用流程等。通过培养客人习惯，可以提高客人的黏性和忠诚度，为产品的长期发展奠定基础。

（6）保持创新精神

在竞争激烈的市场环境中，酒店必须保持创新精神，不断在产品设计、功能开发、客人体验等方面进行创新，以满足客人不断变化的需求并提升产品竞争力。

综上所述，打造"心"服务是一个持续收集、迭代的过程，需要酒店经营者持续关注客人需求和反馈，并结合数据进行优化和改进。只有这样，酒店才能在个性化服务方面取得更好的成绩，不断满足客人的需求并提升产品性能。

9.3.3　打造无微不至的"情"服务

在现今的商业生态中，卓越的服务体验已成为企业取得成功的核心要素。其中，"情"服务设计尤为关键，它以客人为中心，深入洞察并满足客人的情感需求，致力于创造更加人性化、温馨的服务体验。

理解客人的需求是"情"服务设计的起点。通过市场研究、客人访谈、问卷调

查等多种手段，可以全面、深入地掌握客人的需求和期望。这些洞察为设定服务设计的方向和目标提供了坚实的基础，同时也为酒店更好地满足客人的情感需求提供了方向。

酒店管理者在确定服务目标时，应以酒店的战略目标和核心价值理念为指引。明确的服务目标，如提升客人满意度、增强客人忠诚度等，为服务设计提供了清晰的指导。

服务流程的设计是"情"服务设计的核心环节。我们需要根据已设定的服务目标，设计出符合客人情感需求的服务流程，这包括前端交互设计、后端系统架构设计以及整体服务流程的优化。在此过程中，酒店管理者需注重细节，以确保客人体验的顺畅与便捷。

将设计转化为实际的服务原型是实施"情"服务设计的关键步骤。这可以通过线上平台如网站或移动应用或线下模型来实现。在开发过程中，我们既要考虑技术的可行性，也要持续优化客人体验，确保服务的稳定性和易用性。

测试与反馈是服务设计过程中不可或缺的一环。通过让目标客人测试服务原型并收集他们的反馈，我们可以对服务进行有针对性的改进。在此过程中，与客人的沟通至关重要，以确保他们的意见和建议得到充分考虑和采纳。

经过多次测试与反馈后，我们可以正式推出"情"服务。在实施过程中，我们需要持续优化服务，以满足客人不断变化的需求和期望。这包括完善服务细节、及时处理客人反馈等。与客人保持密切互动和沟通，确保他们的需求得到及时响应和处理。

最后，对实施后的"情"服务进行评估至关重要。通过评估客人满意度、转化率、留存率等指标，我们可以了解服务的实际效果和客人的真实感受，从而为进一步优化或改进服务提供依据。在此过程中，注重数据分析与挖掘，以发现服务的潜在问题和机会，为企业的持续发展提供有力支持。

综上所述，"情"服务设计是一个以人为本的设计过程，它关注客人的情感需求和体验，致力于创造更加人性化、温馨的服务体验。通过深入了解客人需求、明确服务目标、设计服务流程、开发服务原型、进行测试与反馈、实施服务以及评估效果等步骤的实施，我们可以打造出具有吸引力和竞争力的"情"服务体验，从而为企业赢得更高的客人忠诚度和更多的商业机会。

在实施"情"服务的设计过程中，需要注意如表9-3所列的4点。

表 9-3　实施"情"服务设计过程的注意事项

注意事项	具体内容
始终以客人为中心	在整个设计过程中，需要始终站在客人的角度，确保服务满足客人的情感需求和关注点
保持一致性	服务设计的目标要保持与酒店战略目标、价值观的一致。例如，酒店战略目标是提高客人的满意度和忠诚度，那么在服务设计中也应该以此为目标
创新思维	勇于创新思维，尝试新的方法和思路，以满足客人的情感需求和关注点。例如，通过引入新技术或设计理念来提高服务功能和客人体验
持续改进	实施服务后要不断地收集客人反馈意见，并对服务进行持续改进和优化

9.4　特色酒店个性化服务的五大亮点

特色酒店个性化服务通常包括前厅部服务、餐饮部服务、客房部服务、康乐部服务、公关营销部服务。这些服务相对独立，但又相互影响、相互促进，共同构成了特色酒店个性化服务的核心内容。另外，特色酒店需要不断地完善和创新其他服务内容，以满足客人的个性化需求，从而在激烈的市场竞争中获得优势。

9.4.1　前厅部：热情接待，无微不至

酒店前厅是酒店给客人留下第一印象和印象最深的地方。因此，前厅部的责任重大，工作人员需要明确地知道应该提供哪些服务以及如何做好这些服务。

酒店的前厅，是每位旅客与酒店亲密接触的起点，更是留下难以忘怀印记的舞台。这里不仅代表着酒店的脸面，更是展现酒店精神风貌的窗口。所以，前厅部肩负重任，得清楚自己该为客人提供哪些贴心服务，还得琢磨怎样把这些服务做到极致，让客人心生欢喜，对酒店有美好印象。

酒店前厅部提供的服务常常包括如表 9-4 所列的 10 项。

表 9-4　酒店前厅部提供的服务

服务项目	具体内容
接待服务	迎接客人来到酒店，并为客人提供办理入住和退房结账等服务
咨询服务	为客人提供酒店及周边设施的信息，解答客人的问题
预订服务	根据客人需求，为客人预订各种房型，包括标准房、豪华房、套房等
寄存服务	为客人提供行李寄存服务，确保客人的行李安全
结账服务	为客人办理退房结账手续，确保客人的账单准确无误
保管服务	为客人提供贵重物品保管服务，确保客人的贵重物品安全
商务服务	为客人提供打字、复印、订票等商务服务，满足客人的商务需求
叫醒服务	根据客人的需求，为客人提供叫醒服务，确保客人的行程安排得当
洗漱服务	为客人提供洗衣、擦鞋等服务，确保客人的衣物整洁干净
其他服务	根据客人的需求，提供其他个性化服务，如代客留言、代客接送等

做好前厅服务，对于提升酒店品牌形象和客人满意度至关重要。总之，酒店前厅的服务主要是以满足客人的需求为主，尽可能为客人提供方便和舒适的住宿体验。

那么，酒店经营者如何将前厅服务做得更有特色呢？可以从以下 7 个方面入手。

（1）个性化服务

个性化服务是提升酒店前厅服务品质的重要手段。酒店前厅可以根据客人的需求和喜好，提供定制化的服务，例如为客人安排特别的房间布置、提供定制的餐饮服务等。这些个性化服务可以让客人感受到酒店的独特之处，提高客人满意度。

（2）全程化服务（24 小时）

酒店前厅可以提供 24 小时服务，随时为客人提供帮助和解决问题。这种全天候的服务可以让客人感受到酒店的可靠性和专业性。

（3）专业化服务

酒店前厅可以提供专业服务，例如为客人提供旅游攻略、交通信息等。这些专业的建议可以帮助客人更好地了解当地的文化和景点。

（4）细节化服务

细节化服务是酒店前厅服务中容易被忽视但又非常重要的方面。注重细节可以体现酒店的品质和贴心程度。例如，为客人提供保暖的毛巾、免费的水果等小细节，可以让客人感受到酒店的关怀和温暖。此外，细节化服务还包括对客人的特殊需求进行关注和满足，例如为行动不便的客人提供特别的服务等。

（5）社交服务

酒店前厅可以提供社交服务，例如为客人提供社交场所、举办社交活动等。这些社交活动可以让客人感受到酒店的社交氛围和酒店的热情好客。

（6）贴心服务

酒店前厅要为宾客提供贴心的服务，例如，为宾客指引房间位置，详细介绍酒店设施和服务，提供周边旅游景点的信息和建议等，确保宾客在入住期间感受到无微不至的关怀。

（7）多元化服务

酒店提供多元化的服务可以满足不同客人的需求。除了基本的住宿和餐饮服务外，酒店前厅还可以提供各种拓展服务，例如商务中心、健身房、游泳池、会议室等。这些多元化的服务可以让客人感受到酒店的全面和周到，提高客人满意度。

综上所述，酒店前厅服务需要注重个性化、细节化、多元化等方面，通过良好的沟通技巧和客人关系管理，不断提升服务品质和客人满意度。同时，酒店前厅还需要不断关注市场变化和客人需求，及时调整服务策略，以适应不断变化的市场环境。

9.4.2 餐饮部：味蕾盛宴，饕餮大餐

餐饮部服务主要包括如表9-5所列的6项内容。

表9-5 餐饮部服务内容

服务项目	具体内容
迎客	当客人到达餐厅时，餐饮部员工应微笑点头问好，并引导客人入座
点菜	根据客人的需求和口味，介绍餐厅的菜品和酒水，并记录客人的点餐信息

服务项目	具体内容
上菜	将客人点的菜品和酒水上桌，并确保菜品的质量和卫生
餐中服务	为客人提供餐中服务，包括为客人倒酒水、更换餐具、添加汤汁等
餐后清洁与卫生	在用餐结束后，及时清理桌面垃圾、消毒器具以及厨房设备等，并做好垃圾分类处理工作。同时，定期进行场所内部和外部的清洁工作，并加强卫生监督检查
烹饪技术和菜品的创新	包括菜单设计与研发、食材采购与储存、厨房操作与烹饪技术、用餐环境布置、服务员培训与管理以及客人反馈收集与改进等方面

餐饮服务这些环节相互关联，共同保障餐饮服务质量。酒店经营者要想做好餐饮服务，必须采取以下措施。

（1）推广特色菜肴

特色菜肴是吸引客人的重要手段。酒店应定期推出新的菜肴或特色菜品，并通过各种渠道进行宣传和推广。

（2）提供优质的食材

食材的质量是提供优质餐饮服务的基础。酒店应确保使用新鲜、高质量的食材，并提供多样化的选择。

（3）营造舒适的就餐环境

酒店应创造一个舒适、整洁、有吸引力的就餐环境。这包括餐厅的布局、照明、音乐和氛围等。

（4）合理的价格策略

价格是影响客人选择的重要因素之一。酒店应制定合理的价格策略，确保价格与提供的服务和食材质量相匹配。

（5）注重餐饮服务人员培训

餐饮服务人员的态度、专业知识和技能对于提供优质的服务至关重要。酒店应对服务人员进行全面的培训，包括如何礼貌待客、如何推荐菜品、如何处理特殊需求等。

（6）保持卫生和安全

卫生和安全是提供餐饮服务的基本要求。酒店应严格执行食品安全和卫生标准，确保客人食用安全。

（7）提供个性化服务

满足客人的个性化需求是提升餐饮服务的关键。酒店应了解客人的口味、饮食偏好和需求，并提供定制化的服务。

（8）定期评估和改进

酒店应定期评估客人的反馈和满意度，针对问题及时改进。同时，鼓励客人提出建议和意见，以不断完善餐饮服务。持续创新，推出新的菜品和服务项目，以满足不断变化的市场需求。

通过以上措施的实施，酒店可以提升餐饮服务质量，满足客人的需求，从而增加回头客的数量，提高酒店的知名度和竞争力。

9.4.3 客房部：舒适如家，温馨体贴

客房部服务内容主要包括如表 9-6 所列的几个方面。

表 9-6 客房部服务内容

服务项目	具体内容
客房清扫	按照程序和标准清扫客房，补充各种客用品和巾类，保持房间整洁卫生
物品补充	根据客人的实际消费，及时补充房间内的各种物品及饮品
报修处理	客人有需维修的物品或设备，应及时报告并处理
安全检查	确保客房安全，包括检查房间门锁是否锁好，做好消防安全检查等
特殊情况处理	如遇到房间喧哗、多人聚会、饲养动物等情况，应及时报告并处理
公共区域保养	按照计划保养要求，清洁公共区域
其他服务	提供住客一般服务，如快速回应客人呼唤、擦鞋、供应用品等，同时也要处理房间内的饮食和餐具，并负责开房间供有关部门执行工作

以上是客房部服务的主要内容，客房服务员需要具备良好的服务态度和技能，为客人提供舒适、安全、温馨的住宿环境。

酒店客房部服务是一项复杂的工作，需要从多个方面入手，才能提供优质的服务。主要包括以下 7 个方面。

（1）人员培训

提供良好的培训是至关重要的。客房服务员需要掌握正确的技能，包括如何清洁和整理房间，如何维护各种设施，以及如何提供出色的客人服务。此外，培训也应该注重员工的个人素质，例如对客人的礼貌、热情和耐心等。

（2）房间卫生

房间的卫生是客人评价酒店服务质量的重要因素之一。客房部必须制定严格的清洁和检查程序，确保每个房间都干净、整洁、设施齐全。

（3）设施维护

客房部需要定期检查和维护房间内的各种设施，例如空调、暖气、热水系统、照明、家具等。如果发现任何问题，应及时修复，以确保客人的舒适和安全。

（4）客人服务

客房部应提供优质的客人服务。服务员应该友好、热情、有耐心，并能够解决客人提出的问题。此外，酒店可以提供额外的服务，例如洗衣服务、熨烫服务、婴儿床租赁服务等，以满足不同客人的需求。

（5）安全管理

客房部应采取一系列措施确保客人的安全。这包括定期检查房间的消防设施、确保足够的安全出口以及实施严格的保安措施等。

（6）灵活应变

在服务过程中可能会遇到各种突发状况，客房部需要有足够的应变能力。例如，面对客人的投诉或特殊要求，服务员需要及时处理并尽力满足客人的需求。

（7）持续改进

酒店需要不断收集客人的反馈，找出服务中的不足之处，并采取改进措施。通过不断优化服务流程，提高员工的工作效率，客房部可以提供更好的服务。

总之，酒店客房部服务是一项复杂的工作，需要多方面的努力和持续改进。通过提供良好的培训、维护房间设施、优质的客人服务以及确保客人安全等措施，酒店可以提升客房部的服务质量，为客人创造舒适、安全和温馨的住宿环境。

9.4.4 康乐部：休闲娱乐，畅享时光

酒店康乐部提供的主要服务内容如表 9-7 所列。

表 9-7　康乐部服务内容

服务项目	具体内容
健身服务	提供各种健身设施和活动，如健身房、游泳池、桑拿、按摩等，帮助客人保持健康和良好的身体状态
休闲娱乐服务	包括各种娱乐活动，如保龄球、桌球、壁球、射箭、高尔夫等，以及音乐、电影等文艺节目，为客人提供轻松愉悦的休闲体验
美容美发服务	提供各种美容美发服务，如美容、美发、美甲、SPA 等，让客人保持美丽和自信
餐饮服务	提供各种美食和饮品，满足客人的口味需求
会议服务	提供各种会议设施和服务，如会议室、商务中心、会议接待等，满足客人的商务需求
其他服务	如行李寄存、租车服务、旅游咨询服务等，为客人提供便利和帮助

酒店康乐部服务的目的是让客人在酒店内度过愉快的时光，提升客人的满意度和忠诚度。同时，酒店康乐部也可以增加酒店的收益和客源，提升酒店的市场竞争力和口碑。

酒店康乐部是酒店的重要组成部分，为客人提供各种娱乐和休闲活动。为了确保康乐部的服务质量和客人满意度，以下是一些关键方面需要重点关注。

❶ 提供优质的服务是康乐部赢得客人信任和忠诚度的关键。员工应具备良好的服务态度，积极热情地接待每一位客人，并提供专业、细致的服务。他们应该具备丰富的知识和技能，能够熟练地操作各种设施，并为客人提供个性化的服务。

❷ 康乐部应具备各种完善的设施和设备，以满足客人的多样化需求。设施设备的种类和数量应根据酒店的目标市场和客人的需求进行合理配置。例如，健身中心应提供各种先进的健身器材，游泳池应保持水质的清洁和环境的舒适，按摩室应提供专业的服务等。

❸ 安全保障是康乐部服务中至关重要的一环。康乐部应采取严格的安全措施，

确保客人在使用设施过程中的安全。例如，游泳池区域应设置救生员，确保客人在游泳时得到及时的救助；健身区域应设置安全警示标志，提醒客人正确使用健身器材；桑拿房应保持通风良好，避免客人出现窒息等意外情况。

❹ 环境舒适是提高客人满意度的重要因素之一。康乐部的环境应保持整洁、舒适、温馨，营造出放松和愉悦的氛围。空气清新、照明适宜、音乐舒缓等方面也要注意，让客人在使用设施时能够感受到高品质的享受。

为了更好地满足客人的需求，康乐部应根据客人的需求和喜好提供个性化的服务。例如，针对不同年龄、性别和健身目标的客人提供定制化的健身计划、营养建议和专业的服务等。这不仅能够提高客人的满意度，还能增加酒店的收益。

除了以上关键方面外，康乐部还需要注意以下 5 个方面。

（1）合理定价

康乐部的价格应合理，符合市场行情和目标客群的消费能力。价格过高或过低都会影响康乐部的声誉和客人满意度。

（2）员工培训

康乐部应定期对员工进行培训和教育，提高他们的专业技能和服务水平。通过培训，员工能够更好地了解设施的使用和维护、服务流程、沟通技巧等方面的知识。

（3）客人反馈

康乐部应积极收集客人的反馈意见，了解客人的需求和期望。对于客人的建议和意见要给予重视，及时改进服务中的不足之处。同时，通过积极的沟通与互动，建立良好的客人关系也是非常重要的。

（4）跨部门合作

康乐部应与其他部门如客房部、餐饮部等密切合作，共同为客人提供优质的服务。在客人需要其他服务时，能够及时提供协助，满足客人的多元化需求。

（5）推广活动

康乐部可以定期举办各种推广活动，如瑜伽课程、舞蹈培训等，吸引更多的客人参与。这不仅能够提高酒店的知名度，还能提高客人的满意度和忠诚度。

总之，为了做好酒店康乐部服务，需要注重设施设备、安全保障、环境舒适、个性化服务、合理价格、员工培训、客人反馈、与其他部门的合作以及推广活动等方面。通过不断提高服务质量和客人满意度，酒店康乐部可以成为客人休闲娱乐的首选之地。

9.4.5 公关营销部：创意无限，魅力四射

公关营销部是酒店的一个关键部门，负责制定和执行酒店的公关和营销策略。如表 9-8 所列是酒店公关营销部的一些主要工作内容。

表 9-8 公关营销部服务内容

服务项目	具体内容
市场研究与分析	收集和分析关于酒店目标市场的信息，了解客人需求和偏好，以便更好地定位酒店的服务和产品
品牌管理和形象塑造	明确并传达酒店的核心价值理念和品牌特色，确保酒店在客人心目中的形象与定位相符
活动策划与执行	组织和执行各类公关活动，如新闻发布会、开幕式、庆祝活动等，以提升酒店的知名度和声誉
媒体关系管理	与各类媒体建立和维护良好关系，包括报纸、电视、电台、网络等，以确保酒店能够及时传递信息并扩大影响力
危机管理	制定和执行危机应对计划，以应对可能出现的紧急情况，如客人投诉、突发事件等，确保酒店的声誉不受损害
合作伙伴关系建立与维护	与其他企业或机构建立合作关系，通过共享资源、互利共赢的方式提高酒店的业务量和知名度
营销策略制定与执行	根据市场研究结果制定营销策略，包括定价、促销、分销等，以提高酒店的入住率和收入
客人关系管理	建立和维护客人关系，了解客人需求并提供个性化服务，以提高客人满意度和忠诚度
内部沟通协调	与酒店内的其他部门进行有效沟通和协调，确保公关营销部的策略能够得到其他部门的支持与配合
持续学习和创新	关注行业动态和新兴趋势，不断学习和创新，以保持酒店在市场上的竞争力

以上内容仅供参考，不同酒店的公关营销部可能会有不同的工作重点和具体职责。酒店公关营销是酒店营销的重要组成部分，通过建立良好的公共关系，酒店可以增强品牌形象、提高知名度、吸引客人、增加收入。以下是一些关于如何做好酒店公关营销服务的建议。

（1）建立良好的公共关系网络

与当地政府、企业、旅游机构等相关部门建立良好的关系，加强信息交流与合作，为酒店的营销工作提供有力的支持。

（2）组织活动

通过组织各类活动或节日庆典等形式吸引客人，例如优惠促销、品酒会、主题晚会等。这些活动可以增强酒店品牌形象，提高知名度。

（3）优化酒店服务

提供优质的服务是吸引客人的重要因素。酒店应注重员工培训，确保员工具备良好的服务态度和技能水平，同时优化服务流程，提升客人体验。

（4）加强与客人的沟通互动

通过调查问卷、客人反馈、社交媒体等方式收集客人意见和建议，积极回应并改进服务。同时，定期与客人互动，增强客人黏性。

（5）利用社交媒体宣传

在各大社交媒体平台上建立酒店官方账号，定期发布酒店活动、优惠信息、旅游攻略等内容，提高酒店曝光度。

（6）危机公关处理

制定危机公关预案，及时处理各类突发事件，避免事态扩大对酒店造成不良影响。在处理危机时，应保持透明度，积极与相关部门和媒体沟通。

（7）合作共赢

与其他企业或机构合作，共同开展营销活动或提供更多增值服务，例如与当地旅行社合作组织特色旅游线路、与当地餐饮企业合作提供定制服务等。

（8）不断学习和创新

关注行业动态和新兴技术，不断学习和创新，将最新的营销理念和方法应用到实际工作中。

　　总之，酒店公关营销服务需要注重多方面的策略和技巧。通过建立良好的公共关系、组织活动、优化服务、加强互动、利用社交媒体宣传、危机公关处理、合作共赢以及不断学习和创新等措施，酒店可以提升品牌形象和市场竞争力，实现更好的营销效果。

DISTINCTIVE
HOTELS

10

管理智慧化:

玩转互联网新技术，探索智慧酒店新境界

酒店管理的智慧化是特色酒店业未来发展的一个趋势。通过运用先进的互联网手段和智能化系统，为客人提供更好的服务，满足客人需求，增强市场竞争力。同时，这也需要酒店业不断探索和创新，以适应不断变化的市场环境和技术发展。

10.1 大数据，驱动酒店向智慧化升级转型

大数据时代的来临，为特色酒店业带来了前所未有的发展机遇，通过深度挖掘和分析客人数据，能够让特色酒店更具特色。比如，可以更精准地了解客人需求和消费习惯，为客人提供更加个性化的服务。

案例 1

某酒店位于市中心，以先进的设备吸引了大量客人。然而，随着同行竞争的加剧和市场需求的不断变化，酒店面临着客人流失的风险。

为了化解这些风险，酒店高层决定引入大数据技术，对客人大数据进行深入分析，以实现智慧化升级。

下面是采取的主要措施。

（1）数据收集

酒店收集了客人的入住信息、消费习惯、偏好和反馈等数据，建立了客人数据库。

（2）数据分析

运用大数据分析技术，对客人数据进行深入挖掘。通过分析客人的消费行为、偏好和反馈，了解客人的需求和痛点。

（3）个性化服务

根据数据分析结果，为客人提供个性化的服务和体验。例如，为喜欢健身的客人提供健身套餐、为商务客人安排会议室等。

（4）营销策略

利用大数据分析结果，制定精准的营销策略。通过邮件、短信等方式向客人推送定制化的优惠信息和活动，提高客人参与度和忠诚度。

（5）智慧化设施

在酒店内部引入智能化的设施和服务，如自助入住机、智能照明和智能空调等。这些设施可以根据客人的习惯和需求进行自动调整，提供更舒适和便捷的体验。

通过实施上述措施，该酒店取得了显著的成果。客人满意度得到了大幅提升，品牌形象也得到了有效提升。同时，吸引了更多的客人前来入住，酒店的业绩也得到了显著增长。

这个案例表明，大数据技术的应用可以为酒店行业带来智慧化升级的机会。通过深入分析客人数据，了解客人需求和行为，酒店可以提供更个性化的服务和体验，提高客人满意度和忠诚度。同时，引入智能化的设施和服务，可以进一步提升酒店的竞争力和吸引力。

大数据技术大幅提升了酒店传统管理向智慧管理升级转型的步伐，大数据技术在酒店管理中运用非常广泛，如图 10-1 所示。

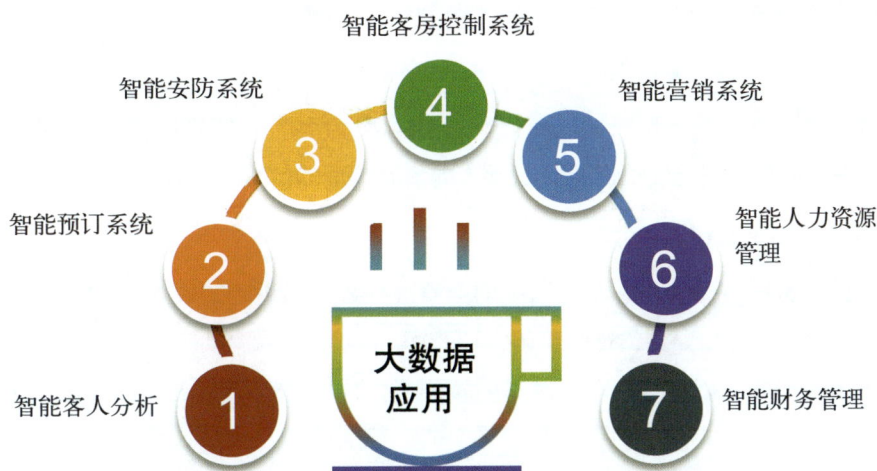

图 10-1　大数据技术在酒店管理中的运用

（1）智能客人分析

通过分析客人的行为和偏好数据，酒店可以更深入地了解客人的需求和喜好，从而提供更个性化的服务和产品。这有助于提高客人的满意度和忠诚度。

（2）智能预订系统

酒店可以通过大数据建立智能预订系统，根据客人需求预测未来需求，并自动推荐合适的房型、价格和优惠活动。这有助于提高预订率和客人满意度。

（3）智能安防系统

酒店可以通过大数据建立智能安防系统，对酒店的视频监控数据进行实时分析，及时发现异常情况和安全隐患，并自动报警和采取相应措施。这有助于提高酒店的安全性和客人满意度。

（4）智能客房控制系统

酒店可以通过大数据建立智能客房控制系统，根据客人的习惯和偏好自动调整房间的灯光、温度、音乐等，提供更舒适的居住体验。这有助于提高客人满意度和忠诚度。

（5）智能营销系统

通过大数据，酒店可以建立智能营销系统，根据客人的消费行为和偏好自动推荐合适的促销活动和产品，提高营销效果和客人满意度。

（6）智能人力资源管理

通过大数据，酒店可以建立智能人力资源管理系统，对员工的工作表现、培训需求、职业发展等进行全面分析，提高人力资源管理的效率和效果。

（7）智能财务管理

通过大数据，酒店可以建立智能财务管理系统，对酒店的收入、支出、成本等进行全面分析，提高财务管理的准确性和效率。

未来，随着大数据技术的不断发展和完善，我们有理由相信，智慧化升级将成为酒店行业的重要趋势。更多的酒店将借助大数据技术，实现服务、管理和营销等方面的创新，为客人提供更优质、更个性化的体验。同时，智慧化升级也将为酒店带来更多的商业机会和增长空间。

10.2 智慧酒店：打造未来的智能体验之旅

在这个变革的时代，智慧酒店应运而生，为客人提供了全新的住宿体验。智慧酒店是科技与服务的完美结合，核心是智能化、无人化。一些酒店品牌已经接轨高科技，开始布局智慧酒店。

10.2.1 科技与服务的完美融合

在消费升级和提倡美好生活的大背景下，针对酒店的产业结构调整和升级已势在必行。市面上的机器人服务员、智能门锁、无人前台等高科技手段层出不穷，不断抓取着消费者的眼球。未来，当客人走进酒店的大堂，高科技的自助入住机正在等待着。只需拿身份证轻轻一扫，客人的身份信息就会被快速读取，再通过人脸识别技术进行身份验证，便可以一键式办理入住手续，轻松简便。

走廊、客房更是充满了智能与贴心的设计，语音控制系统让客人无须动手，只需简单指令，房间内的灯光、空调、电视等设备就能自动听从指挥。而智能化的客需服务更是将便利推向极致，无论是送餐、洗衣还是其他需求，只需动动手指或嘴皮，一切需求便能迅速得到满足。

案例 2

在日本东京，半岛酒店是浪漫、魅力和时尚的代名词。该酒店由知名室内设计师桥本夕纪夫设计，选用木材、漆器和大理石进行混搭，在设计上诠释出日本独特的文化气息，被赞为"国际设计闪耀日式精彩"。

该酒店最大的亮点之一是酒店设有研发部门，20 名工程师倾力为客人开发最人性化的智能科技服务。在走廊、房间内等场所，随处可见的融合酒店华丽风格的、对应不同功能的按钮。

例如，客人按下了房间走廊处的第一个按钮，小屏幕上就会立即显示出室外的天气和湿度，推荐出门穿衣指南；同时酒店还拥有智能电话接听系统，电话响起时房间内的广播和电视将变成静音，按下按钮就能免提接听。该酒店在设计中充分考虑到各项设施的功能性，为宾客营造奢华舒适的住宿环境。

智慧酒店还拥有高效的安全系统。人脸识别、智能门锁等科技手段让客人在享受舒适服务的同时，也感受到满满的安全感。而智能化的消防系统，则能在第一时间发现并处理火灾等安全隐患，确保客人的生命安全。

总之，智慧酒店用科技的力量为客人打造了一个智能、便捷、舒适、安全的住宿环境。每一次入住都是一次全新的体验，每次体验都是一次品质的升级。

首先，来谈谈智慧酒店的便利性。与传统酒店不同，智能无人酒店无须前台接待，没有烦琐的入住和退房流程。客人只需通过手机 App 或自助终端完成预订、选房、支付等步骤，轻松实现一键入住。此外，智能化的门锁和人脸识别技术确保了安全与私密性。

其次，智慧酒店充满了科技感。通过人工智能和大数据分析，酒店能更好地了解客人的需求和喜好。例如，通过收集客人入住习惯，智能系统可以提前为客人准备好个性化的房间布置、音乐、灯光等，为客人带来温馨舒适的感觉。

再次，智慧酒店还为客人提供多样化的娱乐活动。借助虚拟现实、增强现实等技术，客人可以在房间内体验到沉浸式的游戏世界；通过智能语音助手，客人可以点播音乐、电影等娱乐内容；甚至还可以通过手机 App 与家人朋友进行视频通话，让距离不再是问题。

最后，智慧酒店还具有环保节能的优点。通过智能化的能源管理，酒店能够实时监控能源使用情况并进行优化，实现节能减排。此外，酒店的自助终端和手机 App 鼓励客人减少纸质材料的使用，进一步降低碳排放。

总之，智慧酒店是未来住宿的新趋势，它结合了科技与服务的优势，为客人提供便捷、舒适、安全、环保的住宿环境。

10.2.2 阿里的"未来酒店"

阿里巴巴曾推出一款"未来酒店"计划，引发了业界的广泛关注。这座酒店不仅具备了传统酒店的全部功能，还引入了大量的创新科技，让人们可以享受到更加智能化、便捷、舒适的服务。那么，阿里"未来酒店"究竟有哪些亮点呢？

首先，"未来酒店"采用了先进的物联网技术，实现了设备的互联互通。在客房内，客人可以通过手机 App 或语音指令控制房间内的灯光、空调、电视等设备，打造更加舒适、便捷的住宿体验。此外，酒店还提供了智能化的客房服务，比如通过手机 App 或语音指令完成房间预订、入住、退房等手续，大大提高了服务效率。

其次，"未来酒店"还提供更加个性化的服务。通过大数据技术，酒店可以分析客人的消费习惯、喜好等信息，为客人提供更加个性化的服务。比如，当客人入住"未来酒店"时，酒店可以根据客人的喜好自动调节房间内的温度、湿度等环境因素，为客人提供更加舒适的住宿体验。

最后，"未来酒店"还具有更加高效的安全系统。通过智能化的安防系统，酒店可以实时监测客人的安全状况，及时发现并处理安全隐患。同时，"未来酒店"还采用了最新的消防系统，可以及时发现并处理火灾等安全隐患，确保客人的生命安全。

总之，阿里"未来酒店"代表了未来酒店的发展趋势。通过引入先进的科技和物联网技术，"未来酒店"不仅提高了服务效率，还为客人提供了更加舒适、便捷、个性化的住宿体验。相信随着科技的不断进步，"未来酒店"将会越来越好，为客人带来更加美好的住宿体验。

阿里的"未来酒店"是一家依托智能工具和大数据算法，提供全方位人机互动体验的酒店。接下来从如图 10-2 所示的 5 个方面揭秘这家"未来酒店"。

图 10-2　大数据技术在阿里"未来酒店"中的运用

（1）入住手续办理

未来酒店的大堂右侧有一条时空通道，客人可以通过这个通道直接进入电梯间。在办理入住时，客人可以使用大厅的自助入住机，或者提前通过酒店的 App 在线办理，在线选择房间楼层、位置和朝向，关联支付宝、身份证后，对着手机镜头"眨眨眼"即可办理入住。

（2）客房体验

进入房间，灯光会自动进入欢迎模式，电视机自动开启，并进入欢迎界面。房间内的空调、电视、灯光、窗帘等设备全部不用手动操作，只要对着天猫精灵下达指令即可。此外，房间内的设备如空调、灯光、窗帘等还可以根据客人的起居习惯实现自动感应调节。

（3）送餐服务

送餐服务由机器人完成，它们可以准确地将食物送到房间门口，客人可以通过手机 App 选择餐食，并指定送达时间。

（4）退房结算

退房时，客人可以通过酒店的 App 进行费用结算，无须到前台办理退房手续。

（5）人机互动

未来酒店的最大特点之一是充分的人机互动。在办理入住和客房体验时，人工智能机器人可以引导客人到客房，并帮助客人解决各种问题。此外，酒店内的各种设备都可以通过手机 App 进行控制，实现了高度的智能化和自动化。

总的来说，阿里的"未来酒店"通过引入智能化工具和大数据算法，打造了全新的酒店体验模式，使客人能够更加便捷、舒适地入住酒店。同时，这种模式也为酒店行业带来了新的发展机遇，提高了效率和服务质量。

10.2.3 汉庭 3.0 的科技之路

华住酒店集团宣布推出汉庭 3.0，这一升级版代表该集团在科技方面的最新探索。汉庭 3.0 将运用最新的科技成果，打造更加智能、便捷、舒适的住宿体验。

在办理入住方面，汉庭 3.0 将采用自助入住机，客人可以通过扫描身份证、人脸识别等技术完成入住手续，无须前台人工操作。此外，酒店还将提供智能客房导航服务，通过人工智能技术为客人指引前往房间的路径，降低迷路的可能性。

客房内，汉庭 3.0 将引入智能语音控制系统，客人可以通过语音指令控制房间内的灯光、空调、电视等设备。同时，酒店还将提供智能化的客房服务，当客人需要送餐、洗衣等服务时，只需通过手机 App 或语音助手下达指令即可。

在安全方面，汉庭 3.0 将采用智能安防系统，包括人脸识别、智能门锁等安全措施，确保客人在酒店内的安全。同时，酒店还将提供智能消防系统，及时发现并处理火灾等安全隐患。

总之，汉庭 3.0 的科技之路代表了华住酒店集团在科技和智能化方面的最新成果。通过引入最新的科技成果，酒店将为客人提供更加智能、便捷、舒适的住宿体验。

首先，汉庭 3.0 的科技应用旨在为客人带来更优质的服务和体验。汉庭 3.0 采用了智能化的前台系统，让客人可以通过手机 App 或自助终端完成入住和退房手续。这不仅缩短了办理时间，还避免了排长队的情况。

其次，还引入了人工智能技术，为客人提供个性化的服务。比如，当客人进入房间时，智能系统会自动识别客人的喜好和习惯，并提前为客人准备好舒适的房间环境。汉庭 3.0 还提供了智能化的娱乐系统。客人可以通过手机 App 或语音助手点播音乐、电影等娱乐内容。此外，还与国内外知名品牌合作，为客人提供高品质的洗浴用品和舒适的床品。

最后，汉庭 3.0 还注重环保和节能，采用了智能化的能源管理系统，实时监控能源使用情况并进行优化。此外，还鼓励客人通过手机 App 或自助终端进行预订和支付，减少纸质材料的使用。

总之，汉庭 3.0 是对未来住宿体验的一次大胆尝试。相信，通过科技的应用和创新，汉庭 3.0 可以为客人提供更便捷、舒适、安全和环保的服务。

10.2.4　智慧酒店的优势

智慧酒店是近年来酒店行业的一大创新，它通过引入先进的技术和智能化设备，为客人提供更加便捷、舒适、个性化的服务。

智慧酒店的优势主要体现在以下几个方面：

首先，智慧酒店提高了酒店服务效率。通过智能化设备的应用，客人可以更加快速地办理入住、退房等手续，避免了长时间排队等待的情况。

其次，智慧酒店提供了个性化的服务，比如，根据客人的喜好自动调节房间内的温度、湿度等环境因素，为客人提供更加舒适的住宿体验。

再次，智慧酒店提高了客人安全性。通过智能化的安防系统，酒店可以实时监测客人的安全状况，及时发现并处理安全隐患。同时，智慧酒店还采用了最新的消防系统，可以在第一时间发现并处理火灾等安全隐患，确保客人的生命安全。

最后，智慧酒店提高了住宿舒适度。通过引入先进的技术和智能化设备，客人可以更加便捷地控制房间内的灯光、空调、电视等设备，打造自己舒适的住宿环境。此外，智慧酒店还可以为客人提供更加个性化的服务，比如根据客人的喜好自动播放音乐、提供个性化的餐饮服务等，让客人感受到贴心的服务。

综上所述，智慧酒店具有提高服务效率、提高客人安全性、提高客人舒适度等优势，是未来酒店行业的发展趋势。

10.3　智慧酒店实际建设

10.3.1　智慧酒店的建设内容

智慧酒店的建设涵盖多个层面，包括智能化的设备、服务、安全系统以及智能化的管理平台等。下面将从以下几个方面详细介绍智慧酒店建设的内容。

首先，智慧酒店引入了一系列智能化的设备。这些设备包括智能化的客房控制系统、智能化的照明系统、智能化的空调系统、智能化的电视等。这些设备通过互联网进行连接，可以实现在手机 App 或语音指令下的控制，为客人提供更加便捷、舒适的服务。

案例 3

深圳华侨城洲际大酒店是全球首个"5G 智慧酒店"。2019 年 4 月 16 日，深圳华侨城洲际大酒店、深圳电信、华为签署 5G 智慧酒店战略合作协议，联合启动全球首个 5G 智慧酒店建设。在酒店大堂，利用 5G+AI+IoT 技术，不仅可以为宾客提供更快速和安全的互联网接入，让顾客体验刷脸入住和退房的"秒级"畅快体验，提升服务效率和安全性。

同时在前台大厅配置智能机器人，可以为宾客提供信息查询、目的地指引、机器人送货等服务，提高交互体验和服务质量。

此外，在住宿体验上，5G 网络能与 4K/8K、VR/AR、云、AI 等技术及设备相结合，给用户提供超高清观影、云电脑、云游戏、VR 划船健身、个性化推送等丰富体验，满足用户商务办公、工作会议、娱乐休闲等不同场景需求。

华侨城洲际大酒店将 5G 网络、终端、云应用首次引入酒店商用场景，为行业开启了 5G 科技应用在高端酒店转型的先河。

其次，智慧酒店需要提供智能化的服务。这些服务包括自助入住、自助退房、自助订餐等。通过手机 App 或网站，客人可以轻松完成房间预订、入住、退房等手续，大大提高了服务效率。同时，根据客人的消费习惯、喜好等信息，酒店可以提供个性化的服务，让客人感受到贴心的服务。

再次，智慧酒店需要建立智能化的安防系统和消防系统，以监测客人入住后的人身安全，及时发现并快速处理已出现的隐患。

最后，智慧酒店需要建立智能化的管理平台。这个平台可以实现对酒店内各个系统的统一管理和监控，包括设备管理、服务管理、安全管理等。

通过这个平台，酒店管理者可以及时了解酒店的运营状况，对各个系统进行统一管理和优化，提高酒店的管理效率和服务质量。

总之，智慧酒店通过引入这些先进的技术和智能化设备，既能提升酒店服务效率，又能为客人带来更好的住宿体验。

10.3.2　智慧酒店的建设要求

在当今时代，智能化成为各行各业发展的新趋势，智慧酒店也应运而生。智慧酒店的建设不仅体现了科技的进步，更展示了酒店对服务品质的极致追求。

智慧酒店的智能化设备是其核心。这些设备通过互联网连接，实现了客房控制系统、照明系统、空调系统、电视等设备的智能化管理。客人可以通过手机 App 或语音指令，轻松控制房间内的各种设备，享受到更加便捷、舒适的服务。

除了智能化的设备，智慧酒店还致力于提供个性化的服务。通过收集和分析客人的信息，智慧酒店可以了解客人的消费习惯、喜好等信息，并据此提供个性化的服务。这种个性化的服务让客人感受到酒店的贴心关怀，提高了客人的满意度和忠诚度。

安全是智慧酒店不可忽视的方面。智慧酒店采用先进的安防系统和消防系统，确保客人的安全。这些系统具备实时监测、预警和应急处理能力，能够在第一时间发现并处理安全隐患，确保客人的生命安全。

智慧酒店还需要建立高效的管理平台。这个平台可以实现对酒店内各个系统的统一管理和监控，提高酒店的管理效率和服务质量。总之，智慧酒店的建设体现了科技与服务的完美融合。通过引入先进的科技和智能化设备，智慧酒店为客人提供了更加优质、便捷、个性化的服务。同时，智慧酒店还致力于提高服务效率和管理质量，以满足客人的需求和市场变化。在未来的发展中，智慧酒店将继续借助科技的力量，不断提升服务品质和管理效率，为客人带来更加美好的住宿体验。

10.3.3　智慧酒店的实现方法

智慧酒店是一种利用先进技术和创新理念为客人提供更加便捷、舒适、个性化服务的酒店。以下是实现智慧酒店的一些方法。

（1）引入智能化设备

智慧酒店应配备各种智能化设备，例如智能门锁、智能灯光、智能空调、智能电视等。这些设备可以通过互联网连接，实现远程控制和语音控制，提高客人的住宿体验。

（2）提供个性化服务

智慧酒店可以利用客人信息数据库，了解客人的消费习惯、喜好等信息，并据此提供个性化的服务。例如，根据客人的喜好和习惯提前安排好房间、提供定制化的餐饮服务、推荐旅游景点等。

（3）采用先进的安全系统

智慧酒店应采用先进的安防系统和消防系统，确保客人的安全。这些系统应具备实时监测、预警和应急处理能力，能够在第一时间发现并处理安全隐患，确保客人的生命安全。

（4）建立高效的管理平台

智慧酒店需要建立高效的管理平台，实现对酒店内各个系统的统一管理和监控，提高酒店的管理效率和服务质量。同时，这个平台还可以为酒店提供数据分析和预测能力，帮助酒店更好地了解客人的需求和市场变化，制定更加科学、合理的经营策略。

（5）加强员工培训

智慧酒店的实现需要依靠员工的专业技能和服务意识。因此，酒店需要加强对员工的培训，增强他们的专业技能和服务意识，确保他们能够为客人提供优质的服务。

综上所述，实现智慧酒店需要引入智能化设备、提供个性化服务、采用先进的安全系统、建立高效的管理平台并加强员工培训。这些措施可以提高酒店的智能化水平和服务质量，为客人带来更加优质、便捷、个性化的服务体验。

10.4 物联网是酒店智慧化的最终解决方案

物联网，简称 IoT（internet of things），是指通过信息传感设备，按约定协议，将任何物体与网络相连接，以实现智能化识别、定位、跟踪、监管等功能。物联网是一个涵盖了众多领域的庞大技术体系，正在深刻地改变着酒店的管理和运营方式。

10.4.1　物联网的崛起：掀开酒店业的新篇章

物联网作为一股强大的技术革新力量，正在为酒店业带来翻天覆地的变化。宾客一踏入酒店大堂，智能接待系统即刻启动，如同贴心的小助手，迅速识别身份，精准提取预订信息，为宾客提供全程细致周到的服务，宛如回到了温馨的家。当宾客步入客房，智能控制系统随即化身为魔法师，自动调节室内温度、湿度和光线，为宾客营造一个既舒适又温馨的住宿环境。

这一切神奇的变革，均得益于物联网技术的广泛应用。它不仅使酒店设备智能化、自动化，极大提升了服务质量和客人体验，同时也有助于酒店运营效率的提高和成本的降低。例如，智能能源管理系统如同一位精明的管家，实时监控能源使用情况，合理调配资源，使酒店的能源利用更加高效。

此外，物联网的影响不仅局限于服务质量和运营效率的提升，更深刻地改变了酒店的商业模式、市场竞争力以及与客人之间的互动方式。如今，酒店通过物联网技术，能够为客人提供更加个性化、贴心的服务，从而吸引更多宾客的青睐。同时，通过与智能家居设备的联动，酒店得以拓展业务范围，提升市场竞争力。

物联网技术的引入，还改变了酒店与客人之间的互动方式。现在，通过社交媒体、移动应用等平台，酒店与客人的沟通变得更加便捷和高效。客人可以随时查询房间状态、订单信息，并对酒店服务进行评价和建议。酒店则能够及时了解客人需求和反馈，从而持续改进服务，吸引更多客人。

综上所述，物联网技术的广泛应用为酒店业注入了新的活力。它不仅提升了酒店的服务质量和客人体验，还助力酒店提高运营效率、拓展商业模式，并与客人建立更加紧密的联系。在这个物联网的时代，酒店业正迎来一个充满机遇和挑战的新纪元。

10.4.2　物联网在酒店公共场合的应用

当物联网技术融入酒店运营，二者仿佛携手共创了一个智慧化的住宿环境。在这个环境中，物联网如同一位巧思妙想的魔法师，为酒店带来了前所未有的变革。

在客房内，物联网技术让灯光系统变得灵动而富有智慧。它不再是一成不变的，而是能够根据时间、室内运动或声音进行自动调节，既节能环保，又为宾客营造了一种温馨舒适的氛围。

智能恒温器则根据历史数据和入住率智能调节室内温度，确保宾客在任何季节都能享受到如春天般的舒适体验。此外，物联网技术还能对酒店内的各种设备进行精确追踪和定位，提升了酒店的运营效率，减少了不必要的资源浪费。

对于宾客而言，他们可以通过手机或平板电脑轻松控制房间内的各项设施，根据个人喜好进行个性化设置，享受专属的住宿体验。同时，物联网还能帮助酒店更深入地了解宾客的喜好和需求，从而为他们提供更加贴心、个性化的服务。

在安全保障方面，物联网技术如同一位守护神，时刻监控酒店内的可疑行为和设备状态，确保宾客的安全无虞。此外，物联网还能帮助酒店实现库存的精确管理，避免商品积压和浪费，保障酒店的正常运营。

值得一提的是，物联网技术在降低能源成本方面也发挥了巨大作用。通过实时监控和分析设备的能源使用情况，酒店能够及时发现并解决能源浪费问题，从而实现节能减排，降低运营成本。

可见，物联网技术在酒店行业的应用为宾客和酒店带来了诸多益处。它不仅提升了宾客的住宿体验，还为酒店带来了更高的运营效率、更低的成本和更全面的安全保障。随着科技的不断发展，我们有理由相信物联网将在酒店行业中发挥更加重要的作用，为宾客带来更加美好的住宿体验。

10.4.3　物联网在酒店客房中的应用

物联网技术正逐渐渗透到酒店业的各个方面，为酒店客房提供更加智能化、个性化的服务。以下是物联网技术在酒店客房中的一些应用。

（1）智能门锁和安全系统

物联网技术可以用于智能门锁和安全系统，提供更加便捷和安全的入住体验。通过手机 App 或微信小程序，客人可以远程控制房间门锁，避免携带房卡的不便。同时，智能门锁和安全系统还可以实时监测房间的安全状况，提高客人的安全感。

（2）智能照明和恒温系统

物联网可以连接智能照明和恒温系统，根据客人的需求和室内环境自动调节灯光亮度和温度。客人既可以通过手机或语音助手进行控制，也可以设置自动调节模式，让房间自动适应客人的需求。

特色酒店经营管理
赋予文化 + 品牌联动 + 精细管理 + 社交营销

（3）智能电视和音响系统

物联网技术可以连接智能电视和音响系统，提供更加丰富的娱乐体验。客人可以通过语音助手或手机控制电视和音响，享受更加便捷的操作体验。

（4）智能床垫和枕头

物联网技术可以连接智能床垫和枕头，根据客人的体形和睡眠习惯自动调节硬度，提供更加舒适的睡眠体验。同时，智能床垫和枕头还可以监测客人的睡眠质量，为客人提供更加个性化的服务。

（5）智能衣柜和储物柜

物联网技术可以连接智能衣柜和储物柜，提供更加便捷的存储和取用体验。客人可以通过手机或语音助手控制衣柜和储物柜的开关和存储位置，避免手动操作的麻烦。

综上所述，物联网在酒店客房中的应用可以带来更加智能化、个性化的服务体验，提高客人的满意度和忠诚度。同时，这些应用也可以提高酒店的运营效率和管理水平，为酒店带来更多的商业机会和更大的发展空间。

11

营销社交化：

社交营销让酒店宣推更有特色

社交营销是一种有效的推广方式，可以帮助酒店宣传自己的特色和优势，吸引更多的潜在客人。但酒店在社交媒体做营销有其特殊性，需要更有特色，深入了解目标消费者的需求和兴趣，创造有吸引力的内容，与目标消费者产生良好的互动。

在酒店宣传推广工作中，社交营销是不可忽视的一部分，它对提升客人体验、建立品牌形象发挥着十分重要的作用，而做好社交营销最关键的一步就是，在营销活动中注入社交元素。

比如，在社交平台上建立官方账号，发布酒店有关服务、活动、优惠信息等内容，与客人进行互动，如图11-1所示。再比如，打造内容矩阵，通过发布有价值的内容进行引流，如旅游攻略、酒店介绍等，可以吸引潜在客人的关注，如图11-2所示。

图11-1　社交平台上酒店
官方账号示例

图11-2　社交平台上酒店
打造内容矩阵示例

另外，酒店还可以组织社交活动，如抽奖、问答、话题讨论等，与有影响力的社交媒体人士合作，让他们体验酒店的服务和设施，分享到自己的社交媒体上，进一步扩大酒店的知名度和曝光率。

在这方面，有很多成功的案例。

案例 1

万豪酒店通过社交媒体平台发布了一系列关于"女性力量"的内容，以吸引女性客人。这些内容以女性为主题，强调女性在社会中的地位和作用，以及女性在职场中的成就和挑战。这些内容在社交媒体上得到了广泛传播和分享，吸引和赢得了大量女性客人的关注和好感。

希尔顿酒店集团则通过社交媒体平台发布了一系列关于本地文化的活动和体验内容。这些内容以当地文化为主题，强调当地文化的独特性和价值。

还有洲际酒店，通过与旅游博主、网红达人合作，让这些人在自己的社交媒体上分享酒店的服务和设施。这些人在社交媒体上拥有大量的粉丝和巨大的影响力，他们的分享和评价能够影响粉丝的消费行为和选择。通过这种方式，洲际酒店集团成功地提高了自己的知名度和曝光率。

这些成功的案例都证明了在酒店管理中运用社交营销策略的重要性。通过运用社交营销策略，酒店可以有效地提高自己的知名度和曝光率，吸引更多的潜在客人，提高客人的满意度和忠诚度。同时，这些策略还可以帮助酒店在竞争激烈的市场中保持竞争力。

以上做法都可以在某种程度上加强社交营销的效果。那么，具体有哪些社交元素可植入社交营销中呢？一般来讲，可以考虑如图 11-3 所示的 6 项。

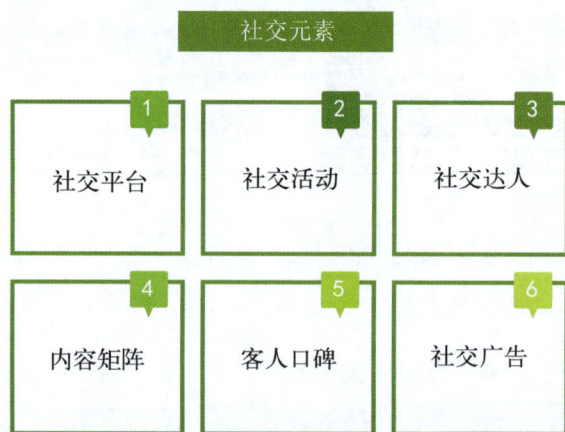

社交元素

1 社交平台	2 社交活动	3 社交达人
4 内容矩阵	5 客人口碑	6 社交广告

图 11-3　社交营销中可植入的 6 个元素

→ 特色酒店经营管理 ←
赋予文化 + 品牌联动 + 精细管理 + 社交营销

（1）社交平台

酒店可以创建微信、微博、抖音等社交平台账号，并发布有关酒店服务、活动、优惠信息等内容，与客人进行互动，提高客人对酒店的信任和忠诚度。

（2）社交活动

酒店可以组织一些社交活动，如抽奖、问答、话题讨论等，与客人进行互动，提高客人的参与度和忠诚度。

（3）社交达人

与具有影响力的社交达人合作，如旅游博主、网红等，让他们体验酒店的服务和设施，并分享到自己的社交媒体上，提高酒店的知名度和曝光率。

（4）内容矩阵

通过自建账号或第三方账号，多渠道发布有价值的内容，如旅游攻略、酒店介绍等，打造一个全方位内容矩阵，吸引潜在客人的关注和信任。同时还可以通过数据分析和优化，提高营销效果和投资回报率。

（5）客人口碑

通过客人的好评和推荐，提高新客人的信任度和满意度。同时还可以通过一些奖励机制，鼓励客人提供更好评价和推荐。

（6）社交广告

通过社交媒体平台进行广告投放，增加酒店的曝光率，提高酒店的知名度。同时还可以通过广告数据分析，优化广告投放效果和投资回报率。

总之，酒店营销中的社交元素需要结合目标客人的需求和兴趣，制定合理的营销计划，并通过多种渠道进行宣传和互动，以提高品牌知名度和客人满意度。同时还需要不断优化和改进营销策略，以适应市场的变化和客人的需求。

11.2　社交营销在酒店宣传推广中的作用

在酒店宣传与推广中，社交营销是一种非常有效的策略，可以帮助酒店提高品牌知名度、提升客人满意度，吸引更多潜在客人。社交营销在酒店宣传与推广中的作用，具体体现在如图11-4所示3个方面。

图 11-4　社交营销在酒店宣传与推广中的作用

（1）品牌曝光

酒店经营者可以通过以下方式，利用社交营销加快品牌曝光。

❶ 创建有吸引力的内容。在社交媒体平台上发布有趣、有用并与酒店相关的内容，如精美的图片、视频和文章等，确保内容能够吸引目标受众的注意，并激发他们与您的品牌互动。

❷ 加强用户互动。与粉丝和关注者积极互动，回应他们的评论和提问。这种互动可以帮助建立信任和联系，使他们更加了解和关注您的酒店品牌。还可以鼓励用户生成内容（UGC），让他们分享自己在酒店的体验，增加品牌曝光率。

❸ 利用社交媒体广告。社交媒体平台通常提供付费广告服务，可以利用这些广告来推广您的品牌。根据您的目标受众和预算，选择适当的广告类型和投放方式，以增加品牌曝光率。

❹ 活动合作。与相关的品牌、关键意见领袖或社交媒体影响者进行合作活动，共同推广您的酒店品牌。他们可以帮助您吸引更多的关注、增加品牌曝光机会，同时还能扩大您的受众群体。

❺ 提供优惠和奖励。通过社交媒体平台，向粉丝和关注者提供独家的优惠和奖励。这样可以激发他们与您的品牌互动，并鼓励他们主动分享和宣传您的酒店。

❻ 数据分析和优化。利用社交媒体平台提供的数据分析工具，了解用户行为和偏好，以便有针对性地调整和优化您的社交营销策略。根据数据的反馈，对内容和广告进行不断优化，以提高品牌曝光效果。

通过以上方法，酒店经营者可以更好地利用社交营销来加速品牌曝光，吸引更多的目标客人，并提升酒店的知名度和收益。

（2）粉丝引流

在当今社交媒体盛行的时代，社交营销已成为酒店业不可或缺的一部分。通过巧妙的社交营销策略，酒店可以有效地吸引粉丝的关注和兴趣，进一步扩大品牌知名度和影响力。

首先，酒店可以通过社交媒体平台发布有趣、引人入胜的内容，如图片、视频、文章等，来吸引粉丝的关注。这些内容涉及酒店的服务、设施、文化、活动等方面，大大提高了酒店的曝光率和知名度。

其次，社交媒体广告具有精准定位、投放灵活、效果可衡量等特点，从而帮助酒店更精准地获客，更好地触达目标客人群。

最后，通过社交媒体平台，酒店可以开展各种线上营销活动，如优惠促销、抽奖活动、限时特惠等，来吸引粉丝的参与，增强粉丝黏性。

综上所述，社交营销是酒店业不可或缺的一部分，通过富有创意的内容和线上营销策略，开拓线上引流和销售渠道。

（3）产品或服务转化

现在的消费者大部分已经养成了线上消费的习惯，对酒店而言，只有打通社交营销渠道，才可能享受线上红利，实现产品或服务由线下向线上的转化。

具体方法有以下 5 种。

❶ 开通线上预订功能。通过在社交媒体平台上提供直接预订功能，简化预订流程，提高客人的转化率。确保此功能易于使用、稳定可靠，并提供安全的支付方式。

❷ 定向投放广告。根据不同社交媒体平台的广告投放功能，通过定位和定制受众群体，将广告精准投放给潜在客人。例如，利用脸书（Facebook）或微信广告等平台的定向广告功能，选择目标受众的地理位置、年龄、兴趣爱好等关键指标，提高转化效果。

❸ 与关键意见领袖或社交媒体影响者合作。与相关的意见领袖或社交媒体影响者合作，在他们的社交媒体上推广酒店产品或服务。这些知名人士具有广泛的影响力和大量的追随者群体，他们的推荐可能对潜在客人产生积极影响，促使其转化。

❹ 提供专属优惠和奖励。通过社交媒体平台推广专属的优惠码、折扣活动或会员福利，促使用户在社交媒体上与酒店品牌互动，并转化为预订或直接消费。

❺ 发布用户评价和分享。在社交媒体上分享客人对酒店的正面评价和积极的体验分享。这些用户生成内容（UGC）可以增加信任度，鼓励其他潜在客人选择预订您的酒店产品或服务。

通过以上方法，酒店可以利用社交营销来吸引并转化潜在客人，实现产品或服务的转化，并提高业务收益和市场份额。

11.3 特色酒店社交营销 IP 矩阵

社交营销 IP 矩阵是指在社交媒体上，通过多个不同的 IP 进行营销布局，以实现品牌传播、用户互动、销售转化的目的。这种营销方式的核心在于，通过精心设计的 IP 形象，吸引目标受众的关注和信任，进而传递品牌价值，提升用户忠诚度和购买意愿。

11.3.1 微信系：朋友圈 + 公众号 + 视频号 + 小程序

微信是拥有十多亿用户的社交平台，对于特色酒店来说，是一个绝佳的获客和营销工具。通过巧妙的策略和技巧，特色酒店可以利用微信吸引更多的精准目标用户，提升品牌影响力，并提高客人满意度。

酒店经营者在利用微信这个工具时，关键是打造一个账号矩阵。因为微信发展至今，已经是一个具有完整产品线的平台——朋友圈 + 公众号 + 视频号 + 小程序，足以打造一个"营销推广 + 线上体验 + 线上服务"完美商业闭环，如图 11-5 所示。

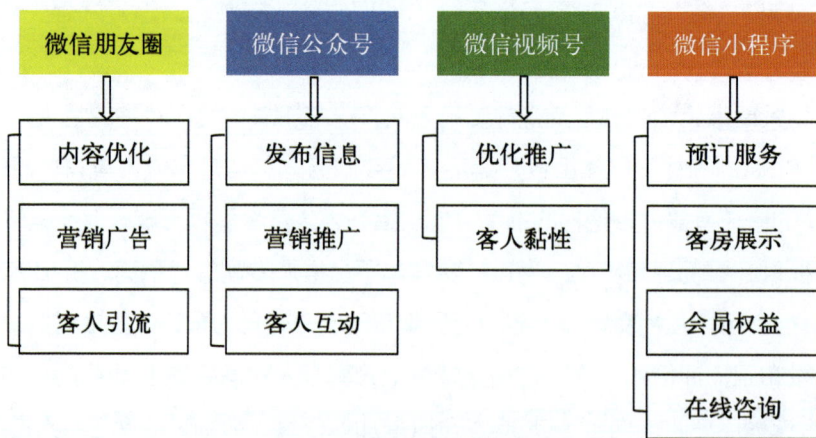

微信朋友圈	微信公众号	微信视频号	微信小程序
内容优化	发布信息	优化推广	预订服务
营销广告	营销推广	客人黏性	客房展示
客人引流	客人互动		会员权益
			在线咨询

图 11-5 微信营销闭环

（1）运营微信朋友圈

要想利用微信这个社交媒体，首先需要打造专业的微信朋友圈。朋友圈是微信的主要功能，任何一个企业要想利用好微信都必须重视朋友圈。接下来将详细介绍特色酒店经营者微信朋友圈运营策略。

❶ 打造优质内容。酒店微信朋友圈发布内容如表 11-1 所列。

表 11-1　酒店微信朋友圈发布内容

事项	具体内容
分享酒店美景	通过分享酒店美景、特色建筑、优美环境的图片和视频，吸引潜在客人的关注，提高知名度
分享特色活动	结合酒店特点，举办如地方文化节、美食节等特色活动，邀请用户参加，提升品牌形象
分享用户评价	积极转发用户的积极评价，让更多的人了解酒店的优质服务，增强信任感

❷ 运用多种营销方式。酒店微信朋友圈营销方式如表 11-2 所列。

表 11-2　酒店微信朋友圈营销方式

事项	具体内容
优惠活动	通过发布优惠活动，如特价房、预订优惠等，吸引潜在客人关注并参与
互动游戏	运用互动游戏，如抽奖、答题等，吸引用户参与，提高用户黏性
KOL 合作	与知名旅游博主、旅游达人等合作，进行酒店体验分享，扩大影响力

注：KOL 合作指与关键意见领袖（key opinion leader）或知名社交媒体影响者合作。

❸ 与粉丝互动。酒店微信朋友圈与粉丝互动技巧如表 11-3 所列。

表 11-3　酒店微信朋友圈与粉丝互动技巧

事项	具体内容
及时回复	对于客人的评论和问题，要及时回复，提供优质的服务
个性化服务	针对不同客人的需求，提供个性化的服务，让客人感受到贴心的关怀
定期回访	定期对客人进行回访，了解客人满意度，提高客人回头率

（2）创建微信公众号

特色酒店作为旅游住宿行业的重要组成部分，在微信公众号上具有巨大的潜力。微信公众号作为微信平台上重要的功能，为酒店提供了品牌推广的契机，大幅提升酒店品牌影响力。同时，微信公众号还是一个重要的信息发布、反馈平台，酒店既可以定期为客人提供各类信息，也可以及时收到客人的反馈并做出改进，提升用户黏性。

那么，酒店经营者具体应该如何运营微信公众号呢？可以采用如图11-6所示的3种策略。

图11-6　酒店经营者运营微信公众号技巧

❶ 明确账号定位和内容策略。明确账号定位和内容策略是成功运营微信公众号的关键。特色酒店经营者在启动一个公众号前，应明确目标受众，并针对他们的需求和兴趣制定内容策略，创作符合需求的内容，并精准地发布内容。

例如，如果目标受众是年轻人，可以发布更多关于时尚、美食、音乐等相关内容，以吸引他们的关注。同时，应注意保持内容与酒店特色的相关性，让读者对公众号产生持续的兴趣和期待。

❷ 提高粉丝活跃度和互动性。有了明确的定位、正确的内容策略，接下来就是提高粉丝活跃度和互动性。既要定期发布有趣、有价值的内容，比如抽奖、问答等，以增加与粉丝互动的机会，提高用户黏性。又要积极回复粉丝的评论和问题，及时处理投诉和建议，可以提高用户满意度和忠诚度。

❸ 与其他公众号跨界合作。特色酒店在运营公众号时，不可闭门造车，只想做

好自己即可。有时候还要学会跨界合作，懂得与其他公众号合作，互通有无，扬长避短。比如，可以与旅游、美食等相关公众号合作，发布特辑文章或联合活动，吸引更多潜在客人的关注和参与；举办线下活动等方式扩大公众号影响力。

总之，特色酒店需要注重公众号的内容策略、粉丝互动、推广方式。通过精心运营公众号以扩大品牌影响力、提升用户黏性，进而提高业绩。

（3）微信视频号

随着社交媒体的兴起，微信视频号成为人们关注的焦点。对于特色酒店经营者来说，利用微信视频号提升酒店品牌知名度和业务增长成为一个新的方式。在制作微信视频号之前，酒店经营者需要精准了解目标受众。通过分析目标受众的兴趣、需求和行为特点，可以更好地制定视频内容，提高粉丝观看兴趣和参与度。

❶ 制作高质量的视频内容。酒店经营者制作高质量视频内容的技巧如表 11-4 所列。

表 11-4　酒店经营者制作高质量视频内容的技巧

事项	具体内容
确定视频主题	通过选择与酒店特色相关的主题，结合时下热门话题和趋势，制定具有创意和吸引力的策划方案
拍摄和剪辑	确保视频画面清晰、稳定，剪辑流畅，过渡自然。同时，要注意视频的时长和节奏，避免过长或过短
增加互动元素	在视频中添加问答、投票等互动环节，引导观众参与讨论和分享，提高观众的参与度

❷ 数据分析与优化。酒店经营者视频数据分析与优化的技巧如表 11-5 所列。

表 11-5　酒店经营者视频数据分析与优化的技巧

事项	具体内容
分析观众数据	通过微信提供的观众数据分析工具，了解观众的年龄、性别、地域等信息，以便更好地调整视频内容和推广策略
分析互动数据	了解观众的互动情况，包括点赞、评论、转发等数据，以便了解观众的兴趣和需求，优化视频内容
根据数据分析结果调整策略	根据数据分析结果，调整视频主题、策划、推广策略等，提高视频的质量和曝光率

❸ 长期维护与更新。酒店经营者长期维护与更新的技巧如表 11-6 所示。

表 11-6　酒店经营者长期维护与更新的技巧

事项	具体内容
定期更新内容	制定长期的视频发布计划，定期更新内容，保持观众的关注度
与观众多互动	及时回复观众的评论和问题，了解他们的需求和建议，增强观众的忠诚度
优化推广策略	根据观众需求和市场变化不断调整推广策略，提高视频的曝光率和品牌的知名度

通过以上建议，特色酒店可以更好地利用微信视频号提升品牌知名度和促进业务增长。需要注意的是，微信视频号的发展是一个不断变化的过程，特色酒店需要时刻关注市场的变化和观众需求的变化，及时调整策略以适应市场变化。

（4）微信小程序

作为微信平台上的轻量级应用，为特色酒店提供了新的营销和客人服务渠道。通过合理运用小程序的功能和特性，特色酒店可以更方便地进行品牌推广、服务提供和客人管理，提升整体竞争力。

首先，设计并开发一款符合酒店特色的微信小程序是非常重要的。在小程序中，可以提供酒店的预订服务、客房展示、在线咨询以及会员权益等功能。同时，通过精美的界面设计和交互体验，让用户对酒店产生好印象，提升用户忠诚度。

其次，利用微信小程序的特性，特色酒店可以更好地进行推广和宣传。例如，可以在小程序中嵌入优惠券、限时特惠等活动，通过社交分享和广告投放等方式吸引更多用户关注和参与。同时，结合微信支付功能，特色酒店可以提供更加便捷的支付方式和更完善的交易闭环。

另外，微信小程序还提供了丰富的用户数据分析和营销工具。特色酒店可以通过分析用户行为和喜好，制定更加精准的营销策略。例如，通过小程序的用户画像功能，了解用户的年龄、性别、地域等信息，为后续的营销活动提供数据支持。

最后，提供优质的服务和用户体验是特色酒店玩转微信小程序的核心。在小程序中，可以设置专业的客人服务入口，提供 24 小时在线的咨询和解决问题服务。同时，通过小程序的实时更新功能，及时发布酒店最新动态和活动信息，保持与用户的紧密互动。

总之，特色酒店要想在微信平台上取得成功，需要充分利用微信小程序的功能和特性，注重用户体验和服务质量。通过合理的设计、开发和推广，特色酒店可以在微信小程序上打造出独具特色的品牌形象，吸引更多目标客人并提升整体业绩。

其次，找到目标客人是关键。在微信上，可以通过关键词搜索和话题关注，精准地找到与酒店特色相符的目标客人。比如，如果酒店以文化为主题，那么，就可以关注与该主题相关的微信群或公众号，通过与群成员或公众号粉丝的互动，来吸引更多目标客人的关注。

然后，创作优质、有趣、有价值的内容是吸引和留住客人的关键。可以分享酒店的独特设施、特色服务以及背后的故事等，让客人对酒店有更深入的了解，从而产生浓厚的兴趣和消费欲望。

最后，提供优质的服务是所有工作的核心。酒店可以通过微信提供在线预订、咨询服务、投诉处理等功能，让客人感受到酒店的用心和专业性。这样不仅能提高客人的满意度，还能形成良好的口碑和信任度。

11.3.2 字节系：抖音＋今日头条

抖音与今日头条虽然同为"字节跳动"的"产品"，但却是两个完全不同的类型，各自拥有其独特的优势和特点，同时，也为品牌和商家提供了广阔的推广空间。

今日头条是一款以资讯信息为主的内容平台，凭借其强大的算法和个性化推荐技术，将用户感兴趣的内容精准地推送到首页，让用户能够快速获取到所关注的信息。今日头条用户群体十分广泛，涵盖各个年龄段和领域，都对时事热点、科技趋势、生活消费等方面有着较高的关注度和需求。因此，通过在今日头条上发布高质量的新闻报道、评论文章和广告内容，品牌和商家能够最大限度地扩大自己的影响力，吸引潜在客人。

抖音是一款主打短视频的社交平台，用户通过拍摄、分享自己的短视频作品与粉丝互动。用户群体主要是年轻人，他们对新鲜事物、创意作品和娱乐内容有着极高的兴趣。品牌和商家通过在抖音短视频上发布有趣、有创意的短视频内容，与年轻用户建立紧密的联系，提高自己的知名度和美誉度。

对于酒店来说，这两个平台都是非常重要的营销推广渠道。在今日头条上，特色酒店经营者可以发布新闻稿、广告和软文，向用户展示自身的特色和亮点，提高品牌曝光率和知名度。在抖音短视频平台上，特色酒店经营者可以发布有趣的短视频内容，吸引年轻用户的关注和互动。通过这两个平台的推广活动，酒店可以有效地提高自身的品牌形象和市场竞争力。

因此，对于酒店经营者而言，在这两个平台上开展推广活动是非常有必要的。具体策略如下。

（1）抖音短视频

特色酒店要在抖音短视频上获得成功，首先要明确自身的市场定位和目标客源。在抖音上，特色酒店可以针对年轻游客、亲子游、情侣等不同客源进行精准推广。为了吸引这些客源，特色酒店需要制作优质的内容，展示自身的特色和亮点。

例如，拍摄酒店的装修风格、床品、美食、健身设施等；可以组织互动和推广活动来吸引粉丝，增强粉丝黏性；可以通过回复评论、私信交流等方式分享一些有趣的经历和故事，与粉丝互动；也可以通过拍摄剧情类短视频，将酒店的特色和服务融入故事中，让观众更容易产生共鸣和情感连接，提升粉丝参与度和忠诚度。

案例 2

如图 11-7 所示这家酒店就是将酒店服务与故事演绎结合，并在抖音上发起了"酒店发生的那些事"话题集锦。每个视频都围绕该话题演一个小故事，主角是酒店工作人员或临时特聘演员。

再例如，特色酒店还可以通过合作推广、使用抖音广告投放等方式增加曝光。利用抖音进行营销推广，持续创新是非常重要的。特色酒店需要不断创新，提供有趣、有吸引力的内容，或者拍摄周边旅游风景等，以提升用户关注度，如图 11-8 所示。

除了制作优质内容外，建立良好的品牌形象也是非常重要的。这可以通过统一的视觉设计、积极的社会责任等来实现。一个良好的品牌形象可以帮助特色酒店在抖音上获得更多的关注和认可。

最后，特色酒店需要定期分析后台数据，了解粉丝的喜好和行为模式，为后续的内容制作和推广提供参考。根据数据分析结果进行优化，不断提升营销效果。

总之，特色酒店想要在抖音上获得成功，需要结合自身的特色和亮点，制作出优质、有趣的内容，积极互动和推广，建立良好的品牌形象，并持续创新以保持用户的关注度。同时，合理使用 Dou+ 推广和数据分析与优化也是非常重要的。

特色酒店经营管理
赋予文化 + 品牌联动 + 精细管理 + 社交营销

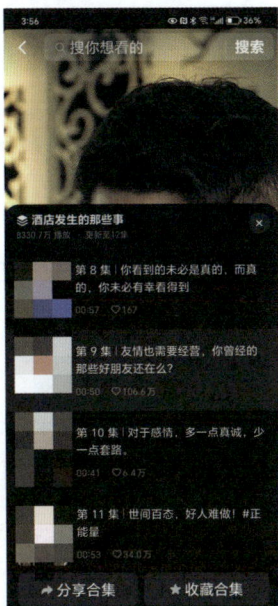

图 11-7　酒店抖音话题营销示例

图 11-8　酒店在抖音上的推广示例

（2）今日头条

随着今日头条越来越受欢迎，很多酒店都在今日头条上开展宣传和推广活动，如通过资讯、微头条、小视频、话题、直播、图片等形式宣推酒店活动。

如图 11-9 所示是在今日头条"微头条"上输入"酒店"关键字出现的部分酒店宣推示例。

在今日头条上酒店可以通过提问、视频、直播等多种媒介，向更多受众展示自身的特色和亮点，以吸引更多的客人。具体可以采用发布广告、开展宣传活动、开展 O2O（online to offline，线上 / 线下）合作的形式。

首先，酒店可以在今日头条上发布广告。今日头条拥有庞大的用户群体，这些用户主

图 11-9　今日头条"微头条"
宣推示例

要是年轻人和商务人士，与酒店的潜在目标客源高度匹配。通过广告投放，酒店可以精准地触达这些潜在客人，提高品牌知名度和曝光率。

其次，酒店可以在今日头条上开展宣传活动。例如，通过发布软文图文并茂地介绍酒店的特色和亮点，或者通过举办有奖互动活动来吸引用户的关注和参与。这些宣传活动不仅可以提高酒店的知名度，还可以增强用户的黏性，促进口碑传播。

此外，酒店还可以通过今日头条开展 O2O 合作。与当地的旅游景点、餐厅等开展合作，向用户提供一体化的旅游服务，从而吸引更多的客人。这种合作方式不仅可以增加酒店的收益，还可以提高用户的满意度和忠诚度。

总之，通过在今日头条上开展宣传和推广活动，酒店可以向更广泛的受众展示自身的特色和亮点，吸引更多的客人。同时还可以通过与当地景点、餐厅等开展合作，提高收益及用户的满意度和忠诚度。因此，对于酒店来说，开展今日头条推广活动是非常有必要的。

可见，通过今日头条和抖音短视频，酒店可以实现扩大自身影响力，吸引更多客人的目的。

11.3.3 "种草"：微博 + 小红书

自媒体"种草"是指通过自媒体平台，如微博、小红书等，以推荐、评价、分享等方式，将某些产品或服务推荐给用户，从而激发用户的购买欲望，促进销售的行为。

利用自媒体"种草"成功的案例有很多，例如某美妆博主在微博上分享自己的化妆心得和推荐产品，吸引了大量粉丝关注和购买；某家居品牌在抖音上发布家居装修和产品的短视频，吸引了大量用户关注和转发；某网红在直播平台上展示自己的穿搭和配饰，吸引了大量粉丝购买和关注。

总之，自媒体"种草"是一种非常有效的营销方式，能够迅速扩大品牌知名度和销售量。企业或个人可以通过优质的内容和口碑传播，吸引更多用户关注和购买，实现其商业价值。

自媒体"种草"是随着新媒体的出现和发展而产生的一种新营销方式，具有多种优势。"种草"在营销中的优势如表 11-7 所列。

表 11-7 "种草"在营销中的优势

优势	具体内容
传播速度快	自媒体平台用户基数大，传播速度快，能够迅速将产品或服务推广给更多的人
互动性强	自媒体平台具有很强的互动性，用户可以通过评论、点赞、转发等方式参与互动，形成口碑传播
内容多样	自媒体"种草"可以采用文字、图片、视频等多种形式，内容多样，形式丰富，能够更好地吸引用户的注意力
营销成本低	自媒体"种草"不需要花费大量的广告费用，只需要通过优质的内容和口碑传播，就能够吸引用户，降低营销成本

小红书是一个以年轻女性用户为主的社交平台，具有强烈的社交属性和分享特性，因此，酒店经营者可以在小红书上进行"种草"。小红书"种草"可以通过笔记、视频和直播等形式，来展现酒店的特点、优势，同时与用户进行互动和交流，提高用户参与度和黏性。

小红书笔记的"种草"示例如图 11-10 所示。

图 11-10 小红书笔记的"种草"示例

酒店经营者在利用微博、小红书进行"种草"时，可以采用以下十大策略。

（1）精准定位目标客群

在规划运营小红书之前，首先要明确酒店所面向的客群，如商务客、度假客、年轻客等。只有深入了解他们的需求和喜好，才能更有针对性地制定营销策略。

（2）发掘独特酒店特色

选择酒店特色时，要充分考虑目标客群的兴趣点和需求，同时结合酒店的地理位置、文化背景等因素。比如，如果酒店位于历史悠久的地区，可以推出历史文化主题的特色服务，让客人在住宿期间深入了解当地的历史文化。

（3）构建完善账号形象

拥有一个完善的账号形象，能够让酒店在网络世界中拥有完整的形象。这包括微博账号的头像、昵称、简介等基本信息，确保每一条信息都能准确传达酒店品牌形象。在设置这些信息时，要注重细节，让用户在接触酒店的第一时间就能感受到酒店的品质与服务。

（4）定制营销策略

小红书的用户群体主要是年轻女性，因此要制定符合这个群体需求的营销策略。例如，推出适合年轻女性的特色服务、活动，或是打造富有吸引力的酒店品牌形象等。

（5）创造优质内容

发布高质量、有趣的内容是吸引小红书用户关注和留存的关键。要选择与酒店特色相关的内容，同时注意内容的排版和格式，以吸引用户的眼球。可以分享酒店的美景、特色服务、活动等，让用户感受到酒店的魅力。

（6）加强与用户的互动

加强与用户的互动是增加用户黏性和忠诚度的关键。要积极回复用户的评论和私信，了解他们的需求和反馈，同时可以开展一些互动活动。如抽奖、打卡等，激发用户的参与度和互动性。

（7）运用标签和关键词

在发布内容时，合理运用标签和关键词能提升内容的曝光度和搜索排名。要选

特色酒店经营管理

赋予文化＋品牌联动＋精细管理＋社交营销

择与内容相关的标签和关键词，并注意措辞的准确性和相关性，这样当客人在搜索相关内容时，就能轻松搜索到酒店信息。

（8）合理安排发布时间

在发布内容时，要注意发布的时间，确保是在用户活跃度较高的时段。这样，能最大限度地提高内容的曝光率和点击率。具体发布时间需要研究目标受众的生活、工作或学习的习惯，一般来讲，上午 6 ~ 8 点和下午 5 ~ 9 点最佳。

（9）找到 KOL 合作

与知名 KOL（关键意见领袖）合作是酒店在小红书上"种草"的关键。可以寻找与酒店行业相关的 KOL，如旅游博主、酒店评测师等，与他们合作进行推广。通过 KOL 的粉丝效应，可以提高酒店的曝光度和知名度。

（10）定期评估营销效果

最后，定期评估营销效果至关重要。通过观察曝光量、点击率、转化率等指标，可以了解策略的有效性并及时调整。只有不断优化，才能在小红书上获得更好的"种草"效果。评估营销效果还可以帮助酒店更好地了解目标用户的需求和行为特点。